本书的出版得到国家自然科学基金应急项目"农户清洁能源应用行为形成机理与政府推进政策研究——以江西为例"（项目批准号：71540033）的资助。特此感谢！

江西师范大学

区域创新与创业研究中心学术丛书

RESEARCH ON FORMING MECHANISM AND THE GOVERNMENT'S PROMOTING POLICY OF FARMERS CLEAN ENERGY APPLICATION BEHAVIOR

农户清洁能源应用行为形成机制与推进政策研究

滕玉华◎著

经济管理出版社
ECONOMY & MANAGEMENT PUBLISHING HOUSE

图书在版编目（CIP）数据

农户清洁能源应用行为形成机制与推进政策研究/滕玉华著．—北京：经济管理出版社，2018.10

ISBN 978－7－5096－6061－4

Ⅰ.①农… Ⅱ.①滕… Ⅲ.①农村能源—无污染能源—能源发展—研究—中国 Ⅳ.①F426.2

中国版本图书馆 CIP 数据核字(2018)第 229850 号

组稿编辑：丁慧敏
责任编辑：丁慧敏
责任印制：黄章平
责任校对：王纪慧

出版发行：经济管理出版社
（北京市海淀区北蜂窝 8 号中雅大厦 A 座 11 层　100038）
网　　址：www. E－mp. com. cn
电　　话：（010）51915602
印　　刷：北京玺诚印务有限公司
经　　销：新华书店
开　　本：710mm×1000mm/16
印　　张：11.5
字　　数：187 千字
版　　次：2019 年 1 月第 1 版　　2019 年 1 月第 1 次印刷
书　　号：ISBN 978－7－5096－6061－4
定　　价：48.00 元

联系地址：北京阜外月坛北小街 2 号
电话：（010）68022974　　邮编：100836

前　言

改革开放以来，随着中国农村居民生活水平的不断提高，农村生活用能消费量大幅增加。与此同时，农村家庭用能仍然以煤炭、薪柴等非清洁能源为主。为了优化农户能源消费结构，引导农户应用清洁能源，国家出台了一系列引导政策措施，如户用沼气池修建补贴、太阳能热水器购买补贴等。在中央政策引导下，我国农村清洁能源发展迅速，截至 2015 年底，全国户用沼气达到 4193. 3 万户，受益人口达 2 亿（《全国农村沼气发展“十三五”规划》）。农户是农村清洁能源的应用主体，因此，有效推进农户应用清洁能源对于促进农村清洁能源发展至关重要。因此，对于怎样积极推进农户应用清洁能源成为近年来各级政府关注的重要议题，许多学者进行了探索性研究，成果丰硕。尽管如此，现有研究成果仍然无法回答以下问题：农户清洁能源应用意愿的影响因素有哪些，这些因素的作用路径和内在机理如何？农户清洁能源初次应用行为是如何发生的，政府如何引导？影响农户清洁能源应用程度的因素有哪些，政府如何促进？农户清洁能源持续应用行为是如何形成的，政府如何推进？农户对清洁能源政策的满意度评价受到哪些因素的影响？农户应用清洁能源的政策需求优先序、应用清洁能源时面临的困难次序如何，政府如何优化？我们认为，这些问题的准确回答是政府有效推进农户应用清洁能源、进一步提高推进政策效能的基础与前提。江西是传统的农业大省，在国家清洁能源政策引导下，应用清洁能源的农户不断增加，但由于各种原因，当前农户仍然存在着应用清洁能源意愿不强、清洁能源应用程度低的现实。因此，如何科学引导那些有应用意愿的农户应用清洁能源，提高已经应用清洁能源农户的应用程度，引导更多农户持续应用清洁能源，对于提高农村居民生活质量、促进农村生态文明建设具有重要意义。

2015 年，本项目幸运地中标国家自然科学基金应急项目“农户清洁能源应用行为形成机理与政府推进政策研究——以江西为例”（项目批准号：71540033），经过项目组成员的共同努力，项目研究成果通过了国家自然科学基金委的验收。在项目研究成果完善和提升基础上，形成了本书。本书作为项目的后续研究成果之一，其内容安排如下：

第一章为导论。介绍本书的研究背景、研究意义、研究方法与技术路线，在分析和评述家庭能源消费行为的相关文献基础上，指出了本书的创新之处。

第二章为农户清洁能源应用行为理论基础。主要介绍了环境行为理论和技术采纳方面的相关理论。

第三章为农户清洁能源应用总体意愿的影响因素分析。利用江西省695份农户调查数据，实证分析了影响农户应用清洁能源总体意愿的因素，结果表明，从众心理对农村居民清洁能源使用感知有显著的正向影响，农村居民感知有用性对其清洁能源应用意愿有显著的正向影响；环境价值观和环境责任感对农村居民应用清洁能源感知的有用性有显著的正向影响。

第四章为农户应用清洁能源不同类型意愿研究。采用江西省831份农户调研数据，将农户清洁能源应用意愿分为三类：使用意愿、投资意愿、购买意愿，运用多元有序Probit模型，分别探讨了农户清洁能源使用意愿、投资意愿、购买意愿的影响因素。研究发现，农户这三种不同意愿的影响因素存在差别。具体来说，婚姻状况、家中有60岁以上老人、环境价值观、环境责任感、感知的行为控制、清洁能源知识、经济激励对农户的清洁能源使用意愿有显著的正向影响；家中有60岁以上老人、环境责任感、感知的行为控制、社会影响、清洁能源知识对农户清洁能源投资意愿有显著的正向影响，行为便利对农户的投资意愿有显著的负向影响；家中有60岁以上老人、环境责任感、从众心理、感知的行为控制、清洁能源知识对农户清洁能源购买意愿有显著的正向影响，感知因素对农户清洁能源购买意愿有显著的负向影响。

第五章为农户清洁能源应用行为决策研究。从农户购买行为和使用行为两个维度，利用农户调查数据，运用结构方程模型分析了农户清洁能源应用行为（购买行为和使用行为）的影响因素，结果表明，经济激励、自愿活动、宣传教育、清洁能源产品属性通过影响农户感知，进而对农户清洁能源使用行为产生正向影响，从众心理、行为便利直接正向影响农户清洁能源使用行为；环境价值观和感知因素在经济激励与农户清洁能源购买行为之间起到部分中介效应，行为便利对农户清洁能源购买行为有直接正向影响。

第六章为农户清洁能源应用意愿与应用行为的一致性研究。利用调查数据，考察了农户清洁能源应用意愿与应用行为一致性及其影响因素。研究发现，婚姻状况、家中有60岁以上老人、家庭年收入、农户感知的支持政策力度和社会规范对农户清洁能源应用意愿与应用行为一致性有显著正向影响；农户感知的支持政策力度、社会规范是表层直接影响因素，家庭年收入是中间间接因素，婚姻状况、家中是否有60岁以上老人是深层根源因素。

第七章为农户清洁能源应用选择行为研究。采用多元有序Probit模型研究了农户使用清洁能源频率的影响因素。研究发现，从众心理、受教育程度对农户清洁能源使用频率有负向影响；政策力度、产品属性、使用清洁能源的行为便利程度、应用意愿对农户清洁能源使用频率有正向影响。

第八章为农户能源消费清洁化程度研究。基于农户实地调查数据，实证分析了农户清洁能源应用程度的影响因素，结果表明，宣传教育、行为便利、清洁能源产品属性、支持政策的了解程度对农户清洁能源应用程度有显著正向影响。

第九章为农户清洁能源持续应用行为形成机制研究。采用农户调查数据，探究农户清洁能源持续应用行为的形成机制。研究发现，农户清洁能源持续应用行为形成机制表现为：清洁能源产品属性、家庭收入和政策力度→感知因素（有用性和易用性）、初次应用后的满意度、社会影响→农户清洁能源持续应用行为。

第十章为政策工具、政策力度对农户清洁能源持续应用行为的影响研究。运用江西省695份农户调查数据，研究政策工具、政策力度对农户清洁能源持续应用行为的影响及政策满意度的中介作用。结果表明，不同政策工具对农户清洁能源持续应用行为产生差异性影响效应。具体而言，经济激励、命令控制政策均对农户清洁能源持续应用行为有直接的正向影响；政策满意度在自愿活动政策与持续应用行为中起完全中介作用；政策满意度在政策力度和农户清洁能源持续应用行为中起完全中介作用。

第十一章为农户对清洁能源政策满意度分析。运用多元有序Probit模型，分析了农户对清洁能源政策满意度的影响因素。结果表明，影响农户对清洁能源政策满意度评价的因素主要有交通条件、对清洁能源支持政策的了解、感知的政策支持力度。

第十二章为农户对清洁能源政策评价与政策需求研究。研究发现，农户对太阳能热水器购买补贴、户用沼气池修建补贴的政策了解程度较低；农户感知的太阳能政策、沼气政策力度都比较小；农户清洁能源支持政策的评价不高。农户的政策需求排在前三位的依次是：对购买使用清洁能源产品提供补贴、提供应用清洁能源的技术培训和提供应用清洁能源后续服务；农户应用沼气面临的困难排在前三位的依次是：缺乏资金、缺乏技术指导、难以获得后续管理服务；农户应用太阳能面临的困难排在前三位的依次是：维修服务跟不上、缺乏维护人才和缺乏技术指导。

第十三章为研究结论与政策建议。基于研究结论，借鉴国内外经验，从引导农村居民树立生态价值观、推动农村各类可再生能源多元发展、加大清洁能源应用的财政支持、强化清洁能源应用的组织建设、优化清洁能源应用的公共服务、营造应用清洁能源的良好氛围、强化清洁能源的政策支撑等方面提出了推进农户应用清洁能源的政策建议。

本书付梓之际，要感谢的人很多！首先，要感谢华南农业大学国家农业制度与发展研究院院长罗必良教授在选题方面给予的指导。其次，要感谢课题组成员，他们是：广东财经大学经贸学院的陈燕博士，中南财经政法大学会计学院的博士生刘长进，江西农业大学经济管理学院的高雪萍副教授及硕士研究生习佳遥、张轶之、赖良玉等。再次，要感谢江西农业大学三农问题研究中心主任陈昭玖教授，江西农业大学经济管理学院党委书记翁贞林教授，华南农业大学经济管理学院罗明忠教授，华南农业大学国家农业制度与发展研究院胡新艳教授、米运生教授、李尚蒲副教授、钟文晶副教授。最后，要特别感谢江西师范大学商学院给我提供了轻松的研究环境，使本书能够顺利出版。

目　录

第一章 导论

第一节 研究背景与研究意义

一、研究背景

推进农户应用清洁能源是保障国家能源安全、应对气候变化的重要举措，是改善农村环境、促进农村经济可持续发展、推进农村生态文明建设的重要途径，对于发展生态农业、提高农民生活质量、建设社会主义新农村具有重要作用（陈锡文，2012；马隆龙，2012；仇焕广等，2013）。

2013 年中国能源消费 37.5 亿吨标准煤，其中煤炭消费量占能源消费总量的 66.6%（《2013 年国民经济和社会发展统计公报》），CO_2 排放量位居世界第一（澎湃新闻，2014-09-23）。传统上人们普遍认为工业尤其是重化工业是能源消费和环境污染的"罪魁祸首"，但随着产业能源利用效率的提高以及政府对高耗能、高污染产业的规制，全球能源需求和碳排放增长主要来自家庭能源消费（International Energy Agency，2010）。

改革开放以来，伴随中国农村经济的快速发展，农村能源消费需求大幅增加。2000~2012 年农村人均生活用能量的增长速度远远快于城镇人均生活用能量的增长速度，农村人均生活用能量从 2000 年的 76 千克标准煤增加到 2012 年的 246 千克标准煤，13 年增加了 3 倍多，而同期城镇人均生活用能量从 210 千克标准煤增加到 339 千克标准煤，增幅仅 61.4%（《中国能源统计年鉴》（2013））。

相对于产业能源消费，农村家庭能源消费的用能方式比较分散，政府很难通过规制工具控制农村家庭的能源消费行为，因而农村家庭能源消费行为对生态环境产生的巨大负面影响长期被忽视（孙岩、江凌，2013；Liu 等，2008）。2013 年中国各地陆续出现的严重雾霾天气，使长期被忽视的农村家庭能源消费问题逐渐成为一个“显”问题。农村家庭可再生能源利用是解决农村能源供给紧张、延缓气候缓解变化的根本出路（史清华等，2014）。

为了推进农村清洁能源发展，中央早在 2000 年修订的《中华人民共和国大气污染防治法》中对推广清洁能源应用做出了规定，随后中央又出台了一系列推进清洁能源应用的政策法规。2004 ~ 2010 年、2012 年的中央一号文件都明确提出要大力推进农村清洁能源发展。2013 年的中央一号文件明确要求“促进农村沼气可持续发展”。2014 年的中央一号文件又明确指出“因地制宜发展户用沼气和规模化沼气”。2015 年的中央一号文件再次明确要求：“因地制宜采取电网延伸和光伏、风电、小水电等供电方式。”这表明，推进农村清洁能源发展受到党和政府的高度重视。

2013 年中国农村沼气产量达到 157. 8 亿立方米，太阳能热水器为 7294. 6 万平方米，太阳房为 2445. 6 万平方米，太阳灶有 226. 4 万台（《中国农村统计年鉴》(2014)）。从农业部的统计数据看，我国农村清洁能源推进政策取得了一定成效。但是，根据《可再生能源中长期发展规划》，到 2020 年，约 8000 万户（约 3 亿人）农村居民生活燃气主要使用沼气，年沼气利用量约 300 亿立方米，全国太阳能热水器总集热面积达到 1. 5 亿平方米。因此，我国农村清洁能源发展规模不大，还需进一步推进。

许多学者从不同角度对能源消费进行了广泛研究，取得了不少有价值的成果。在宏观层面的研究主要集中在：能源消费与碳排放的关系（林伯强、刘希颖，2010；陈诗一，2012；史丹、马翠萍，2014）、能源消费的影响因素（成金华、陈军，2009；齐志新、陈文颖、吴宗鑫，2007；吴巧生，2010）、能源消费与经济增长的关系（赵进文、范继涛，2007；刘凤朝等，2007；李艳梅、杨涛，2013）、能源效率（魏楚、沈满洪，2009；高大伟、周德群、王群伟，2010；师博、沈坤荣，2013）。在微观层面主要关注：能源消费行为的模式（席建超等，2013；严刚，2011；张妮妮等，2011）、能源消费行为的结构（赵晓丽、洪东悦，

2011；梁育填等，2012；张馨等，2011）、能源消费行为的影响因素（孙岩、江凌，2013；芈凌云，2010；陈迅、袁海蔚，2008）、能源消费行为的测量（陈利顺，2009；张艳等，2012）等。目前研究呈现以下两个特点：一是从宏观层面研究能源消费的较多，从微观层面进行的研究较少；二是从微观层面研究家庭能源消费行为的大多基于城市家庭，而以农村家庭为考察对象的研究较少。受城乡二元经济结构的影响，中国城乡家庭在生活方式和能源消费上存在显著差异（Krey等，2012；Wei等，2007）。农户是农村清洁能源的应用主体，农户清洁能源应用对农村清洁能源发展起决定性作用。因此，我们有必要从农户视角探讨：农户清洁能源应用行为的影响因素有哪些，这些因素的作用路径和内在机理如何？推进政策的实施效果如何？以及政府应该如何有效推进？等等。已有研究恰恰在这些方面给我们留下了研究的空间。我们认为，准确回答这些问题是政府有效推进农户应用清洁能源、进一步提高推进政策效能的基础。

江西省是传统的农业大省，在中央推进政策引导下，江西农村清洁能源发展迅速。2011年江西省有四县（定南县、鄱阳县、上高县、上犹县）被授予国家首批绿色能源示范县。2012年江西省农村沼气用户达到183.98万户，太阳能热水器集热面积达到151.4万平方米（《中国农村能源年鉴》（2009~2013））。2013年江西省在全国又率先推动实施了万家屋顶光伏发电示范工程，政府补贴建设了1000余个居民家庭“光伏电站”（江西日报，2014-02-08）。

但是，由于各种原因，当前仍然存在农户应用清洁能源的意愿不强，持续应用沼气、太阳能等清洁能源的农户不多的现实。因此，增强农户应用清洁能源意愿，科学引导农户清洁能源应用意愿向应用行为的转化，制定有效的支持政策激励更多已经应用清洁能源的农户持续应用清洁能源，对于优化农村能源消费结构、促进农村可持续发展具有重要意义。

二、研究意义

现实意义：农村清洁能源发展已经引起社会各界的高度关注。本书基于农户微观调查数据，以江西省为案例区研究农户应用清洁能源的形成机制与推进政策，研究成果为制定推进农户应用清洁能源政策提供借鉴，具有较强的现实意义。

理论意义：本书对农户应用清洁能源进行较为系统和深入的研究，以经济学、环境心理学和社会学等相关理论为基础，深入刻画农户应用清洁能的形成机理，分析农户清洁能源应用意愿和应用行为的影响因素，考察各因素的作用大小及其内在机理，特别是政府政策的作用绩效，从而对各项政策的存续价值做出科学判断，并优化设计农户清洁能源推进政策体系。本书以农户为研究对象，研究清洁能源应用行为，这对于环境行为理论的发展有重要价值。

第二节　国内外研究发展动态分析

一、国外研究现状及发展动态分析

农户清洁能源应用行为是一种家庭能源消费行为，本书可以借鉴已有家庭能源消费行为方面的研究成果。

（一）关于家庭能源消费行为影响因素的研究

已有国外研究主要从消费经济学、环境心理学和社会学等学科视角研究家庭清洁能源应用行为的影响因素。综合来看，对于家庭能源消费行为影响因素的关注，主要集中在心理因素、情境变量、社会人口统计学因素等方面。

1. 心理因素

影响家庭能源消费行为的心理因素有很多，如环境问题认知、环境价值观、环境责任感、环境态度、主观规范等。本书仅结合农户的特点和已有相关研究文献，有选择地对部分心理因素进行综述。

多数研究表明，环境价值观、环境问题认知、环境责任感和主观规范等主观心理因素对家庭能源消费行为有影响。但是，也有研究认为，心理类变量虽然对居民能源消费行为有影响，但这种关系并不稳定（Gatersleben 等，2002；Poortinga 等，2004）。①环境问题认知。Steg（2008）研究指出，当个人重视环境，意识到能源使用所造成的问题时，节能政策是比较容易被接受的。②环境价值观。Schultz 和 Zelezny（1999）研究发现，生态价值观与环境行为正相关，利己价值观与环境行为负相关。Nordlund 和 Garvill（2002）研究认为，环境价值观对家庭节能行为产生影响，其中的生态价值观与家庭节能行为正相关。Steg 等（2005）研究发现，生态价值观对居民的家庭能源消费行为有显著影响。③环境责任感。Nordlund 和 Garvill（2002）研究表明，环境责任感对环境行为有显著影响。Parker 等（2003）认为，责任感也是影响家庭能源消费行为重要的心理变量之一，那些具有社会责任意识的人会更主动地参与和响应环保行动。④环境态度。Vringer 等（2007）认为，对环境问题的认知以及对环境行为作用的不同认知能够产生不同的环境态度，进而影响居民的能源消费行为。有研究认为，环境态度对家庭能源消费行为（包括节约行为和投资行为）的影响是正向的（Kristina E. K. 和 Patrik Söderholm，2010），但是，也有研究表明，环境态度只是对家庭能源消费行为中的节约行为产生影响，不对家庭能源消费中的购买行为产生影响（Abrahamse 等，2009）。⑤主观规范。Bamberg 等（2003）认为，主观规范主要表现在个体感受到的来自外界的期望、个体对他人的依从心理。Gärling 等（2003）发现个人的主观规范作用于行为意愿。Thogersen 等（2010）发现，通过社会规范传递社会期望和其他人的节电成效对于促进家庭节能是有效的。一些学者的研究已经证实社会规范的压力是能效措施实施的重要影响因素（Black 等，1985；Tucker，1999；Scott 等，2000）。Reiss 和 White（2006）研究发现，相比价格因素，来自公众的压力对于促进公众节能的效果更加持久。

2. 情境变量

情境变量是指影响家庭能源消费行为的外部因素，主要包括经济因素、宣传教育、社会规范等。多数研究结论表明情境变量对家庭能源消费行为的影响，但情境变量对家庭能源消费行为的作用机理仍不明确，目前还缺乏深入、系统的研究（Steg 和 Vlek，2009）。①经济因素。收入和价格是影响农户能源消费决策的主要经济因素（Sylvie 和 Martin，2006），现代化能源使用的初期成本是影响农户使用该种能源的重要因素，能源使用技术成本较高阻碍了农户使用高级能源（Reddy，2003）。②宣传教育。已有研究认为，宣传教育增加能源知识对于改善家庭能源使用行为是重要的（Gyberg，2009），宣传教育通过改变认知、增加能源知识对家庭节能有积极的促进作用（Sardianou 和 Candidate，2005）。③社会规范。Gärling 等（2003）的研究证明了社会规范、公共交通的便利程度等情境变量显著影响了居民的能源消费行为。

3. 社会人口统计学因素

多项研究表明家庭收入在节能和新能源产品的购买中起着重要作用（Poortinga 等，2003；Sardianou，2005）。Willemé（2003）研究得出，能源价格与节能量之间存在显著的同向关系，但能源价格的提高激励高收入家庭进行节能投资的效果较为明显，低收入家庭更多的是通过改变行为来实现减少用能。Schwepker 和 Cornwell（1991）、Abrahamse 和 Steg（2009）的研究也证实收入越高越倾向于节能投资。

有学者研究发现，年轻、高文化程度、高收入的人群具有更好的节能意识，更倾向于采用节能产品（Singh，2009），也有研究认为，此类群体的能源消耗水平会更高（Steg，2009）。人口统计学因素所包括的各种变量中，有些变量对家庭能源消费行为的作用并不稳定。现有的多数研究并不能得出年龄、受教育程度、收入水平等与家庭能源使用行为较为一致的关系（Markowitz，2012），性别、职业与家庭能源消费行为的关系也不显著（Hawcroft，2010）。

有学者研究发现，家庭特征是影响家庭能源消费行为的重要因素。①家庭规模。随着家庭成员数目的增加，能源消费量也会增加（Poortinga 和 Steg，2004），家庭成员数目较多的家庭比较倾向于采取节能措施（Gyberg 和 Palm，2009）。②人口结构。Aydinalp 等（2002，2004）认为，随着一个家庭中儿童和成人数量的增加，用电消费也呈现显著增加趋势。③家庭收入。Herendeen 等（1981）研究发现，家庭收入是影响家庭能源需求的重要因素；Brandon 和 Lewis（1999）研究表明，家庭收入与能源消费量之间存在显著的正相关关系。④家庭主要成员的社交圈。Scott 等（2000）认为，虽然不同类型居民能源消费行为影响因素显著不同，但是居民的个人社交圈（家人、朋友和同事等）是影响各种家庭居民能源消费行为的重要因素之一。

国外有学者从多学科整合视角，将家庭能源消费行为涉及的利益相关者纳入一个社会技术系统，构建了包含政府、市场、社会、技术条件、物理环境、个体心理以及家庭等因素在内的家庭居民能源消费行为研究模型（Keirstead，2006）。虽然突破了单一研究视角的局限，但是基于多学科视角的理论架构还需要深入的实证研究支持。

（二）关于家庭清洁能源推进政策效果的研究

政策工具主要有信息手段、经济手段、行政手段和物理手段四类，使用政策工具的意图是影响居民的能源消费进程，引导其更谨慎地使用资源、实施更多的环境友好行为（Lindén 等，2006）。Cameron（1985）研究美国家庭样本得出结论：政府补贴达到改进成本的 15% 就会促使 3% 的家庭采用某些节能措施。Walsh（1989）认为能源税收优惠不会激励节能行为。Egmond 等（2005）发现税收作为一种激励手段，其作用远没有想象得有效。

二、国内研究现状及发展动态分析

国内学者对农村能源进行了广泛、深入的研究，国内相关的研究主要集中在四个方面：农户能源消费；中国农户清洁能源应用行为影响因素；农村清洁能源政策；农村清洁能源政策效果。

（一）关于农户能源消费的研究

从现有文献看，对农村能源消费结构的研究通常用“能源阶梯”（Energy Ladder）模型。能源阶梯模型认为，随着收入的增加，农村能源消费一般会转向现代能源。这一进程通常包括两个阶段：先从传统燃料转为过渡性现代燃料，如煤炭和煤油；最终转向先进燃料，如液化气、电力。能源阶梯模型的贡献在于抓住了收入在解释能源转变中的作用（彭武元、潘家华，2008）。对中国农户能源消费问题的研究主要集中在能源消费需求、能源消费结构、能源消费选择、清洁能源的发展潜力及其减排效果等方面。

（1）能源消费影响因素。学者们研究发现，影响农村生活能源消费的因素主要有经济发展、人口因素、城镇化、信息化、家庭规模、文化程度、收入水平和民族习惯等。如李风琦等（2016）研究得出，经济发展和人口因素对农村地区生活能源消费的外溢效应显著，随着城镇化的推进，其对农村生活能源消费的影响呈现由小到大再到小的倒“U”形发展轨迹。翟紫含、付军（2016）发现，家庭规模、文化程度、收入水平和民族习惯对农村居民生活能源消费有显著影响。他还研究发现，不同民族对能源类型的消费选择存在差异。在汉族聚居区液化石油气、电能和太阳能等清洁能源的消费量较大，而彝族聚居区内的能源消费形式集中在传统的非清洁廉价能源，如秸秆和草炭。还有学者对不同农户的能源消费进行比较研究，如何威风等（2014）以重庆市经济发展相对落后和生态脆弱性较强的“两翼”地区为案例，将农户分为四种类型，对比研究了不同类型农户家庭能源消费数量、结构的差异。研究表明，四类农户中，以非农为主的Ⅲ－2（人力资产型农户）的人均薪柴消费量及其占总能的比例均最低。由于生计策略差异及年龄等条件限制，其他三类农户仍大量使用薪柴；替代能源可获取性及人均牲畜量是影响四类农户薪柴消费比例的共同原因；家庭健康状况对Ⅱ（基本型农户）薪柴消费比例有促进作用，对Ⅲ－2有抑制作用；在家人数比例对Ⅲ－1（自然资产型农户）和Ⅲ－2薪柴消费比例均有促进作用，其他收入不利于降低Ⅱ薪柴消费比例。魏楚等（2017）发现，地区煤炭资源禀赋、农村居民住房面积与供暖用煤需求显著正相关，而冬季户外温度、居民收入水平同煤炭需求之间关系不显著。

（2）能源消费需求。王天穷、顾海英（2016）研究发现，农村能源政策的实施加剧了存在替代关系的能源、技术需求间的此消彼长；收入水平对省柴节煤炉灶的拥有量有负向影响，而对大中型沼气工程、秸秆集中供气、太阳能热水器、液化石油气和电力的需求有正向影响；农村能源政策对电力之类的商品能源有正向影响。翟紫含、付军（2016）研究表明，随着经济发展水平的提高，少数民族地区农村居民能源需求由“生存型”向“发展型”转变，能源消费趋向于沼气、太阳能等更清洁高效的能源形式。秦青等（2017）基于四川西部地区四县的农户调研数据，通过构建生计资本评价指标体系，研究发现，生计资本决定了农户能源的消费偏好，即农户的自然资本与薪柴、秸秆的消费呈正相关，人力资本与电的消费呈正相关，金融资本与电和汽油柴油的消费呈正相关，社会资本与新能源的消费呈正相关。研究还发现，区位条件决定了农户能源的可获取性。海拔越高、市场距离越远的区域薪柴秸秆的消费越多，有公路通村的区域农户对电和汽油柴油的需求较大。交通条件好的区域有利于推广沼气和太阳能等新能源。

（3）能源消费结构。王飞（2017）基于1991～2014年农村能源的统计数据，研究发现，东南丘陵区（上海、浙江、福建、江西、湖北、湖南、广东、海南）农村生活能源中非商品能源消费所占比重逐渐下降，而商品能源消费比重显著提升，并于2011年后开始高于非商品能源；秸秆和柴薪的消费比重从1991年的80.8%降至2014年的39.6%。郑顺安等（2017）研究表明，西北平原区商品能源在能源消费中的比例在65%左右，并保持稳定增长；西北平原区以煤炭为

主的能源消费格局稳定，沼气和太阳能等清洁能源消费量逐年提高；因经济发展速度、产业结构等因素的差异，我国西北平原区不同地区农村能源消费结构表现出明显的不同。王效华、狄崇兰（2002）认为，江苏农村能源消费的主要特征是能源消费量不断增加，能源消费结构趋向于商品化。张海鹏等（2010）基于林区农户微观调查数据的研究发现，林区农村家庭生活能源消费正处于向商品化转换的过程中，而且表现出鲜明的能源组合特征；生活能源消费存在较大的潜力，其中，液化气、秸秆和煤炭消费有更大的上升空间；生活能源消费需求缺乏收入弹性，某一种生活能源价格的变动对其自身需求影响较大，而对其他类生活能源需求量影响较小，电力和薪柴价格变动对其他生活能源需求的影响最大。梁育填等（2012）研究非商品性能源和商品性能源的消费比例的影响因素，发现地形特征对西南山区农村能源消费结构影响显著，薪柴和秸秆等非商品性能源受资源禀赋影响显著，而煤炭等商品性能源更多是受市场距离影响；随着家庭人均收入的增加，非商品性能源消费比例将下降，煤炭和电力等商品性能源消费比例将上升，但是西南贫困地区由于农户生计资产有限，收入增长缓慢，能源消费结构升级艰难；家庭人均受教育程度的提高、从事非农产业有助于西南山区农户增加商品性能源的消费比例，从而提升能源消费结构。

（4）农户能源消费选择。史清华等（2014）利用晋黔浙三省调查数据，研究中国农村农户能源消费情况，发现中国农村能源消费结构逐渐从传统的非商品能源向商品能源过渡，农村家庭能源需求正在成为中国能源需求和碳排放增长的主要来源；收入水平和地区能源禀赋差异以及由此带来的能源可获得性和便利性是影响农户能源消费选择的重要因素，其中收入水平是决定农村家庭能源消费转型升级的根本动力。李宗泰等（2017）分析北京农村家庭生活能源选择的影响因素，发现家庭的收入、所居地形、兼业情况和人口等因素对农村家庭选择生活能源有影响。收入多、居所处于平坦区域的家庭消费了更多的清洁便利的能源，兼营农业的家庭消费了较多秸秆和薪柴等生物质能源。李鑫等（2015）以陕南金丝峡乡村旅游地为例，在对农户进行分类的基础上，研究不同生计类型农户用能结构及其综合效益，结果表明：参与旅游经营与不旅游经营的两大类农户中，农户用能多样性水平随生计多样性水平的提高而上升；与非旅游经营户相比，旅游经营户商品能源消费大幅增加，新型能源迅速推广，传统能源消费有所降低，能源消费模式向优质化和商品化发展；不同类型农户用能综合效益差异明显，旅游经营户用能综合效益明显大于非旅游经营户，表明旅游经营户从能源消费中获益更多；促使农户能源消费模式变化的主要因素是物质、人力和金融三大生计资本。

（5）清洁能源的发展潜力及其减排效果。邹晓霞等（2010）研究 2001 ~ 2008 年我国农村太阳灶、太阳能热水器和太阳房的发展趋势并预测其发展潜力，发现我国农村太阳能资源利用增长迅速，资源丰富的西藏、云南、青海、新疆及内蒙古等省区发展潜力巨大；太阳灶、太阳能热水器和太阳房这三种太阳能利用方式节能减排效果显著；按欧盟排放权交易价格，太阳房和太阳灶的 CO_2 减排成本为负值。

（二）关于中国农户清洁能源应用行为影响因素的研究

关于中国农户清洁能源应用的研究对象主要集中在沼气和太阳能。

（1）沼气应用。已有研究主要集中在以下两个方面：①分析农村沼气发展区域差异的影响因素。徐文勇等（2016）研究发现，各地区农村经济发展水平、农村劳动力转移情况以及地区发展沼气适宜性是导致我国农村沼气发展存在区域差异的重要因素。②农户沼气应用的影响因素，学者们研究发现影响农户沼气应用的因素主要有：情境因素（经济因素、资源禀赋、政策等）（许亚男等，2016；汪海波、辛贤，2008；杨艳丽等，2009；徐小刚、李秀峰，2006）、农户心理因素（环保意识、认知因素等）（朱立志、赵鱼，2012；高俊才，2010；彭望等，2010；汪力斌、刘启明，2008；艾平等，2009；张嘉强，2008）、农户户主特征和家庭特征（孔祥智等，2004；杨建州等，2009）。

（2）太阳能应用。学者们研究发现影响农村太阳能源应用的因素主要有：①口碑效应。张磊等（2012）以太阳能热水器为例，研究低碳能源技术在我国农村地区扩散中的口碑效应，研究表明，提升太阳能热水器的分布密度的确可以显著影响口碑效应，说明产品信息在农村传播中存在着邻居效应；提高农民收入可以促进太阳能热水器扩散中的口碑效应；传统能源所占比例越高的地区，产品扩散中的口碑效应越明显，群众对清洁高效能源的信息需求越强烈；农民工的城乡间流动并没有带来积极的“仰城效应”，相反，对口碑效应有显著的负向作用。②同群效应。邓慧慧、虞义华（2018）基于第三次中国家庭能源消费调查入户数据，研究发现农户家庭安装太阳能热水器决策与其所在村庄平均安装率呈现同方向变化趋势，中国农村太阳能热水器安装存在同群效应；“太阳能下乡”补贴政策的推行强化了同群效应，使得同群效应对购买决策的影响显著加强；农户购买太阳能热水器的决策过程表现出很强的经济理性。③邻居效应。董梅、徐璋勇（2017）基于陕西省的陕北、关中和陕南地区的农户问卷调查数据研究，表明农户太阳能热利用主要受经济因素影响；农户低碳意识增强和政府推广可显著提高农户太阳能热利用的概率；邻居效应在太阳能热利用的扩散中起到非常重要的作用。④心理因素、政策支持和经济成本。汪兴东等（2017）基于扩展的技术接受模型与计划行为理论，研究农村居民太阳能热水器采纳意愿的影响因素，发现感知有用性对农村居民的采纳意愿具有积极影响，而感知易用性对其无显著作用；主观规范与感知行为控制能很好地预测农村居民的采纳意愿；政策支持能显著提升农村居民的采纳意愿，而经济成本对采纳意愿具有明显的抑制作用。

已有研究在考察农户清洁能源应用行为的影响因素时，侧重对特定因素（如政策因素、环保意识、家庭特征）与农户清洁能源应用行为之间的统计相关性进行实证分析，或研究哪些因素对应用行为存在统计意义上的显著影响。至于这些因素为什么彼此相关或存在影响，其背后的作用机理是什么，对这些因素影响农户清洁能源应用行为路径、作用机制的深度分析还很缺乏。

（三）关于农村清洁能源政策的研究

与清洁能源相关的政策大多散见于农村能源、可再生能源或者新能源有关的政策规范中（徐礼德、仝允桓，2011）。朱四海（2007）指出，改革开放以来农村能源政策总体上缺乏稳定性和连续性，认为可再生能源发展政策应该按照市场转换的不同阶段进行综合政策设计，在提高政策可预见性的同时提高政策的稳定性和连续性。谢治国等（2005）认为，尽管我国的可再生能源政策在不断完善，但整体上看尚不到位。现行的经济激励政策带有较大的不稳定性，某些激励政策未能起到调节市场的作用，导致一些可再生能源项目不能持续发展。沈镭、刘立涛（2009）研究认为，中国现阶段能源政策处在由非可持续性向可持续性转变的过渡阶段，完善能源市场机制、加大绿色能源消费是推进我国可持续能源发展的政策选择。郭晓丹、闫静静、毕鲁光（2014）研究表明，中国各区域可再生能源政策存在着显著差异，这种差异主要来源于各地可再生能源禀赋、经济发展水平和环境保护因素的影响。

（四）关于农村清洁能源政策效果的研究

已有研究主要集中在分析经济政策工具的实施效果。多数研究表明，政府的补贴政策有效促进了农村户用沼气池建设（周曙东、崔奇峰、王翠翠，2009；胡浩等，2008；郑军，2012；杨建洲等，2009；彭新宇，2007），但是，农村户用沼气补贴政策并没有促进农户沼气使用效率的提高，相反，随着补贴比例的提高，已建成沼气池的农户沼气池使用效率呈下降趋势（蔡亚庆、仇焕广、王金霞、白军飞，2012）。还有学者对命令控制型政策的实施效果进行了研究，发现加大政府环境监督力度会显著提高规模化畜禽养殖场（户）建造沼气工程的概率（郭晓，2012），要求规模养殖农户必须建沼气池的政策会显著促进沼气池建设（仇焕广、蔡亚庆、白军飞、孙顶强，2012）。

三、文献评述

国内外现有研究成果为本书提供理论指导，对我们更好地把握农户清洁能源应用问题有着非常重要的借鉴作用。通过综述现有文献，发现目前的研究在以下三方面还需完善。

（一）在研究对象上

已有研究更多的是考察农户应用某种清洁能源行为（如使用意愿、是否使用等），较少关注农户初始应用后的持续应用行为，缺乏对长期时间变化中农户持续应用行为的考察。已有研究表明，一些已经在政府补贴下建设的农村清洁能源项目处于闲置状态，部分正在使用的农村清洁能源项目还存在着利用效率低、使用寿命短等问题（蔡亚庆、仇焕广、王金霞、白军飞，2012；崔奇峰、王翠翠，2009）。因此，加强农户清洁能源持续应用行为的研究，有助于进一步推进我国农村清洁能源发展。

（二）在研究视角上

已有研究更多的是从环境心理学、社会学和消费经济学等单一视角研究农户清洁能源初次应用行为，对这些因素影响农户清洁能源应用行为的路径、作用机制以及这些因素之间的相互关系还没有一个相对清晰、合理的解释，还缺乏从多学科整合的视角分析农户清洁能源应用行为形成机制的研究，探寻农户清洁能源应用行为影响因素的作用路径和作用机理，有利于优化推进政策体系。

（三）从推进政策上看

第一，已有研究更多的是研究经济政策工具对农户清洁能源应用意愿或应用行为的影响，探讨经济政策工具对农户清洁能源应用意愿与应用行为一致性影响的文献非常少，比较、分析不同政策工具对农户清洁能源应用意愿与应用行为一致性的差异化影响成果更是鲜见，探究其中的差别有利于政府最优清洁能源推进政策工具，促进农户应用意愿向应用行为的有效转化。

第二，有少数学者从理论层面定性分析不同政策工具对农户清洁能源应用行为的影响，缺乏不同政策工具影响效果的定量研究，探讨不同政策工具对农户应用清洁能源意愿、应用行为的影响，有助于提升推进政策效果。

第三，已有研究主要集中研究农户清洁能源的初次应用行为，还很缺乏研究农户清洁能源应用程度的文献。

第四，为了促进农村清洁能源发展，国家出台了一系列推进政策，农户如何评价这些政策，对于提高政策的实施效果至关重要，但研究农户对清洁能源政策满意度方面的文献鲜见。

第三节 研究内容和技术路线

一、研究内容

本书将农户清洁能源应用行为视为一个“应用意愿—初次应用行为—持续应用行为”的过程，将农户清洁能源应用行为划分为应用意愿、初次应用行为和持续应用行为三个阶段。在对农户应用清洁能源形成机制进行理论探讨的基础上，构建概念模型，运用农户调研数据，实证分析农户应用清洁能源的影响因素以及这些因素的作用机理，研究政策工具对农户清洁能源应用行为的影响，在总结归纳已有研究结论的基础上，提出推进农户应用清洁能源的政策建议。本书共分为十三章，具体章节安排如下：

第一章为导论。介绍本书的研究背景、研究意义、研究方法与技术路线；对家庭能源消费影响因素的相关文献进行综述；指出本书的创新之处。

第二章为农户清洁能源应用行为理论基础。主要介绍了国外有关技术采纳和环境行为理论方面的内容。

第三章为农户清洁能源应用总体意愿的影响因素分析。在已有环境行为和技术接受理论的基础上，构建农户清洁能源应用意愿影响因素概念模型，采用农户调研数据，研究农户清洁能源应用意愿的影响因素，考察各因素的作用大小及其内在机理。

第四章为农户应用清洁能源不同类型意愿研究。将农户清洁能源应用意愿细分为三类：使用意愿、投资意愿、购买意愿，采用江西省 831 份农户调研数据，运用多元有序 Probit 模型，分别探讨了这三类清洁能源应用意愿的影响因素。

第五章为农户清洁能源应用行为决策研究。从农户购买行为和使用行为两个维度，利用农户调查数据，采用结构方程模型探究影响农户清洁能源应用行为的关键因素，并进一步研究这些影响因素的作用机理。

第六章为农户清洁能源应用意愿与应用行为的一致性研究。采用江西省的农户调查数据，考察了农户清洁能源应用意愿与应用行为一致性的影响因素，并分析了各影响因素之间的相互关系与层次结构。

第七章为农户清洁能源应用选择行为研究。基于农户调研数据，采用多元有序 Probit 模型研究了农户使用清洁能源频率的影响因素，并分析各影响因素的边际效应。

第八章为农户能源消费清洁化程度研究。运用农户实地调查数据，基于多元有序 Probit 模型研究农户能源消费结构清洁化程度的影响因素，并分析各因素对农户能源消费结构清洁化程度的边际影响。

第九章为农户清洁能源持续应用行为形成机制研究。基于农户问卷调查资料，先运用计量经济学方法识别农户清洁能源持续应用行为的影响因素，再运用解释性结构模型解析各影响因素之间的相互关系与层次结构，探讨农户清洁能源持续应用行为的形成机制。

第十章为政策工具、政策力度对农户清洁能源持续应用行为的影响研究。采用调研数据，研究政策工具、政策力度对农户清洁能源持续应用行为的影响及政策满意度的中介作用。

第十一章为农户对清洁能源政策满意度分析。基于农户调查问卷数据，分析农户对清洁能源政策的满意度评价，研究影响农户对清洁能源政策满意度评价的

因素。

第十二章为农户对清洁能源政策评价与政策需求研究。先分析农户对清洁能源政策的评价，再研究农户对清洁能源政策需求优先次序，最后考察农户应用沼气、太阳能面临的困难次序。

第十三章为研究结论与政策建议。对此前各章节的主要研究结论进行回顾和提炼，提出推进农户应用清洁能源的政策建议。

二、技术路线

本书技术路线如图 1－1 所示。

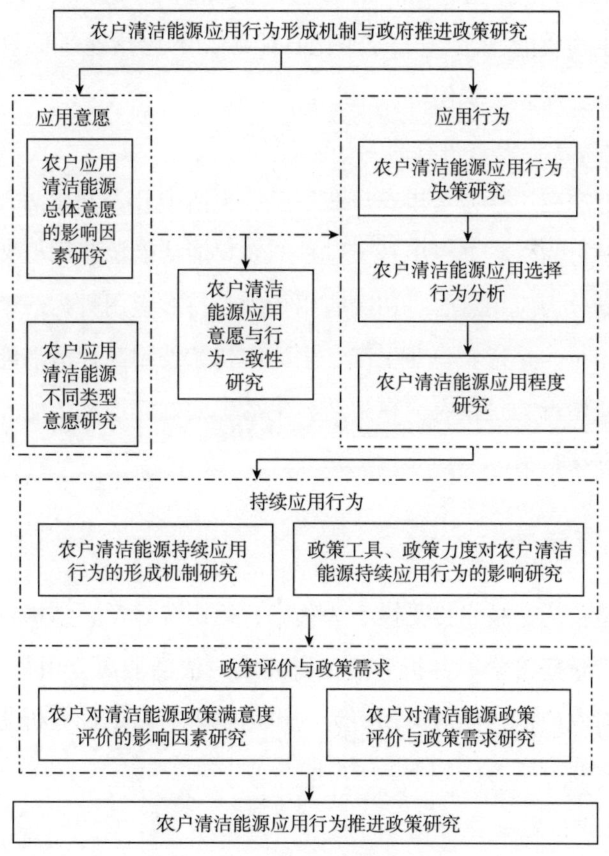

图 1－1　本书的研究技术路线

第四节 研究方法、创新点与不足

一、相关概念的界定

（一）清洁能源

本书所指的清洁能源是指不排放污染物的能源，包括核能和可再生能源。《中华人民共和国可再生能源法》对可再生能源的定义为，可再生能源是指风能、太阳能、生物质能（沼气）等非化石能源，不包括通过低效率炉灶直接燃烧方式利用秸秆、薪柴、粪便等。

（二）农户清洁能源应用行为

农户清洁能源应用行为是指农户在生产、生活中开发利用沼气、太阳能、风能等可再生能源行为。本书提出基于过程的农户清洁能源应用框架，将农户清洁能源应用行为划分为应用意愿、初次应用行为与持续应用行为三个阶段。农户清洁能源初次应用行为是指农户在生产、生活中初始使用某种清洁能源行为。农户清洁能源持续应用行为是指农户在生产、生活中初始应用清洁能源后继续使用某种清洁能源的存续行为。

二、研究方法

本书以环境行为、技术接受模型为基础，运用统计学、结构方程模型、解释性结构模型和计量经济学等分析方法，研究农户清洁能源应用行为的形成机制，分析政策工具对农户清洁能源应用行为的作用机理。以定量分析为主，定性文献为辅。采用的主要分析方法如下：

（一）规范分析方法

农户清洁能源应用行为既是一种环境行为，也是一种技术接受行为。本书以环境行为、技术接受模型为基础，构建农户清洁能源应用行为概念模型。

（二）结构方程模型

结构方程模型（Structural Equation Modeling，SEM）是一种建立、估计和检验因果关系模型的方法。模型中既包含有可观测的显在变量，也可能包含无法直接观测的潜在变量。结构方程模型可以清晰分析单项指标对总体的作用和单项指标间的相互关系。本书采用结构方程模型研究农户清洁能源应用行为的决策机制。

（三）解释性结构模型

解释结构模型法（Interpretative Structural Modeling Method，ISM），是现代系统工程中广泛应用的一种分析方法，是一种结构模型化技术。它是将复杂的系统分解为若干子系统要素，利用人们的实践经验和知识以及计算机的辅助，最终构成一个多级递阶的结构模型。解释结构模型属于结构模型，可以把模糊不清的思想、看法转化为直观的、具有良好结构关系的模型。本书采用解释性结构模型，研究农户清洁能源持续应用行为各影响因素之间的相互关系与层次结构；分析农户清洁能源持续应用行为各影响因素之间的相互关系与层次结构。

（四）计量经济学

采用农户调研数据，借助 Stata12.0 软件，分析农户应用清洁能源总体意愿的影响因素、农户应用清洁能源不同类型意愿的影响因素、农户清洁能源应用意愿与应用行为一致性的影响因素、农户清洁能源使用频率的影响因素、农户能源消费结构清洁化程度的影响因素、农户清洁能源持续应用行为的影响因素、政策工具和政策力度对农户清洁能源持续应用行为影响研究、农户清洁能源满意度的影响因素。

三、创新之处

第一，本书采用江西省农户调查数据，运用多元有序 Probit 模型、二元 Probit 模型、多元有序 Logit 模型等方法，实证分析了农户清洁能源应用总体意愿、农户应用清洁能源不同类型意愿、农户清洁能源应用程度的影响因素；采用结构方程模型，从农户购买行为和使用行为两个维度，研究农户清洁能源初次应用行为的形成过程。

第二，本书基于农户问卷调查资料，将计量经济学方法和解释性结构模型有机结合起来，探明了农户清洁能源应用意愿与应用行为一致的发生机制，探究了农户清洁能源持续应用行为的形成机制。

第三，本书基于农户视角，利用统计分析、计量经济学等方法探讨农户对清洁能源政策的满意度及需求政策优先次序，研究农户应用沼气、太阳能过程中面临的困难次序，这是本书的一个尝试。

第二章　农户清洁能源应用行为理论基础

家庭清洁能源应用行为既是一种技术采纳行为，也是一种环境行为。因而，研究农户清洁能源应用行为，可以借鉴国外有关技术采纳和环境行为理论方面的研究成果。

第一节　技术接受行为理论基础

一、用户初始技术采纳行为的理论（技术接受理论及其扩展理论模型）

Davis（1989）提出的技术接受模型（Technology Acceptance Model，TAM）认为，用户对信息系统的采纳受到感知有用性和感知易用性两个决定因素的影响。系统使用是由行为意向决定的，而行为意愿是由使用态度和感知有用性共同决定的，使用的态度是由感知有用性和感知易用性共同决定的，感知有用性是由外部变量和感知易用性共同决定的，感知易用性则是由外部变量决定的。外部变量是一些可测的因素，如系统设计特征、用户特征、任务特征、政策影响、组织结构等。感知有用性指用户认为使用某一特定系统对其工作绩效的提高程度；感知易用性指用户认为某一特定系统使用的容易程度；行为意图指用户使用某一特定系统的倾向。

在技术接受模型（TAM）的基础上，西方学者还提出了一些拓展模型，如Venkatesh、Davis（2000）建构了一个TAM的理论扩展模型（TAM2），加入了社会影响过程和认知工具过程影响因素。Venkatesh、Morris等（2003）提出整合技术接受理论模型（UTAUT）。Venkatech和Bala（2008）提出TAM3，认为信息技术采纳环境中，经验是信息技术采纳的重要调节变量，用户对信息技术的感知会随时间变化而变化，这种变化的感知会影响用户对信息技术的持续使用。TAM 为解释或预测信息技术接纳和使用提供了理论基础，已被广泛应用于各种新技术研究中。可以运用 TAM 模型来分析农户感知的易用性和有用性、外部变量对清洁能源技术实际使用的影响。

二、用户技术持续使用行为的理论（技术持续使用模型）

Bhattacherjee（2001）在技术接受模型（Davis，1989）和期望确认理论（Expectation Confirmation Theory）的基础上，提出了信息系统持续使用模型（Expectation - Confirmation Model of IS Continuance，ECM - ISC），用于解释用户在信息系统采纳后的持续使用行为。该模型认为，用户的持续意向是由对先前使用经验的感知有用性与满意度共同决定的，感知有用性和期望确认直接影响用户的满意度，用户的期望确认对感知有用性有积极影响。随后，Bhattacherjee（2008）又对 ECM - ISC 进行了扩展。ECM - ISC 及其扩展模型认为，期望确认直接影响了用户的满意度和感知有用性，感知有用性和满意（满意度）被看作构建和保持长期用户忠诚的基础，直接影响用户持续使用意图，进而间接影响其持续使用行为，并引入感知行为控制理论以说明如果用户缺少足够的系统资源或者使用技能和技巧，就无法将使用意图转变为使用行为，因此，信息技术自我功效和促成因素是持续使用意图和行为的重要影响变量。扩展的 ECM - ISC 模型能够更好地解释用户的持续使用意愿与行为。信息系统持续使用模型已经被广泛运用于顾客满意度和信息技术采纳行为的研究，考虑到农户清洁能源持续应用行为与信息技术的持续使用决策极为相似，可以用信息系统持续使用模型研究农户的清洁能源持续应用行为。

第二节　环境行为理论基础

一、计划行为理论

计划行为理论（Theory of Planned Behavior，TPB）（Ajzen，1991）是对理性

行为理论的继承与发展，认为人的行为是经过深思熟虑计划后的结果，行为决定于个人的行为意图，行为意图受到三个心理因素（个体行为态度、主观性规范、行为控制认知）的影响，个体的行为决策除受自身心理特征影响外，还受周围环境及其他个体行为的影响。个体行为态度是指个人对自身行为可能出现的结果的看法和观点，主观性规范是指个体对是否执行某一行为所感受到的社会压力，行为控制认知是指个体对自己实施某一特定行为可能遇到的各种阻碍的感知。一般而言，个体对特定行为的态度越积极、感受的主观规范压力越大、对实施该行为感知到的控制越多，其采取该行为的意愿就会越强，相应地越可能做出某项行动。

在不同的情景下，行为个体对行为会产生多种不同的信念，但行为信念、规范信念和控制信念起主要作用。受个体特征及社会文化因素影响的行为信念是行为态度的认知基础，包括对行为发生的可能性及行为结果的评价，规范信念是组成主观规范的潜在因素，控制信念是感知到的行为控制的心理基础。

计划行为理论对一般行为的决策过程具有很好的解释力和预测力，被广泛应用于管理学的行为研究。将计划行为理论运用到农户清洁能源应用行为的研究，有助于探寻农户清洁能源应用的行为信念、规范信念和控制信念，并发掘相关信念如何作用于农户的行为态度、主观规范以及行为控制感知，进而揭示相关因素的作用大小与作用方式。

二、价值—信念—规范理论（VBN）

Stern（1999）在对公众环保行为的研究中提出了价值—信念—规范理论（VBN），在2000年又对该理论进行了完善，形成了一个比较系统的理论模型。该理论基于价值观理论，提炼出个人价值观体系中与环境密切相关的三种价值观（利己价值观、利他价值观和生态价值观），认为不同的价值观形成不同的新生态范式，通过信念、个人规范等心理变量间接影响环境行为。在不同的价值观作用下，形成的新生态范式引发行为主体对环境问题的思考，并引发行为后果意识和环境责任归因的信念，进而使主体产生环境责任感，采取积极的环境行为。该理论为研究心理变量影响农户环境行为过程提供了理论基础。

三、负责任的环境行为模型

Hines 等（1986）应用元分析整合了 128 篇有关环境行为的文献，研究发现，行动技能、行动策略知识、环境问题知识和个性变量四个变量可通过环境行为意愿间接影响环境行为，外部情境因素（个体人口统计因素、行为实施环境、社会压力等）是实施环境行为的重要外因。

负责任的环境行为模型认为，认识到环境问题的存在是行为实施的先决因素。虽然个体是否具备各类相关知识和技能是实施环境行为的先决条件，但是这些能力本身并不能直接导致环境行为，还需要个体具有实施行为的意愿。控制观、对环境的态度和个人责任感影响个体的行为意愿，当个体对环境采取积极的态度、有内定控制观、对环境具有责任感时，其就有很强的采取负责任环境行动的意愿。在行为实施过程中，情境因素对行为的实施有重要的影响。诸如：社会压力、选择何种行动的机会、经济能力等情境因素，可能阻碍，也可能增强模型中变量对负责任环境行为的作用。情境因素有变化性和复杂性的特点，造成环境行为预测的不确定性。因此，情境因素是需要重点关注的研究领域。

四、态度—行为—情境理论

Guagnano 等（1995）在研究居民垃圾回收行为中提出了预测环境行为的态度—情境—行为（Attitude - Context - Behavior，ABC）理论。该理论认为，个体行为是个体态度变量和外部条件相互作用的结果。外部条件直接影响行为主体的成本意识、行为后果意识和行为产生，行为后果意识通过责任归因变量作用于主体行为，成本意识既能够通过责任归因影响行为，又可以通过行为后果意识间接影响责任归因变量，从而作用于主体行为。

主体态度与外部条件对行为的影响是相互依赖、此消彼长的关系，当行为态度的影响极为微弱时，外部条件很容易改变行为；当外部条件的影响极为微弱时，态度的转变很容易改变行为。当外部条件极为有利或者不利时，可能会大大促进或者阻止个体行为的发生，此时态度对行为的影响力就会显著变弱。ABC 理论提出了环境行为是环境态度和外部条件相互作用的结果，强调外部条件影响行为的重要性，为研究农户环境行为提供了一个新视角。

五、认知失调理论

认知失调理论是 Festinger（1957）提出的阐释人的态度变化过程的社会心理学理论。认知失调是指一个人的态度和行为等的认知成分相互矛盾，从一个认知推断出另一个对立的认知时而产生的不舒适感、不愉快的情绪。认知失调理论认为，一般情况下，个体对于事物的态度以及态度和行为间是相互协调的；当出现不一致时，就会产生认知不和谐的状态，即认知失调，并会导致心理紧张。个体为了解除紧张会使用改变认知、增加新的认知、改变认知的相对重要性、改变行为等方法力图重新恢复平衡。

第三章 农户清洁能源应用总体意愿的影响因素分析

第一节 引言

改革开放以来，农村生活水平有了很大提高，农村能源消费量在持续增长。2014 年中国农村能源消费总量为 20106.45 万吨标准煤，占全国能源消费总量的 42.6%，农村人均能源消费量达到 325 千克标准煤，较 2013 年增长 4.5%，增幅高于城镇 2.6%（城镇人均能源消费量为 364 千克标准煤，较 2013 年增长 1.9%）（《中国统计年鉴》（2016）、《中国能源统计年鉴》（2015））。在农村居民能源消费不断增加的情况下，逐步用清洁能源替代柴薪、煤炭以及汽油等化石能源，对于农村可持续发展至关重要。

国内外学者对农村居民生态消费、清洁能源应用进行了相关研究，如刘文兴等（2017）发现，农村居民的生态消费意识在转化为消费行为的过程中，会受到实施成本、参照规范、情境要素等外在因素的影响。Wang（2016）等研究发现，对传统文化（人与自然取向和集体主义）的认可与亲环境消费行为相关，但它受到意愿的影响，个人态度（环境认知和环境影响）对意图和行为都有影响。仇焕广等（2015）研究表明，农村太阳能和沼气等新型可再生能源发展较快，家庭经济水平、劳动力价格、当地能源市场发育程度、家庭人口结构特征等因素对农村居民可再生能源消费影响显著；张瑞英等（2014）认为，性别、年龄和年家

庭收入对农村居民可再生能源使用意愿有显著影响；滕玉华等（2017）研究发现，经济激励政策、自愿活动、宣传教育、清洁能源产品属性等因素以农村居民感知为中介，进而正向影响农村居民清洁能源使用行为，从众心理、行为便利性直接正向影响农村居民清洁能源使用行为。现有研究大都集中在农村居民低碳消费、清洁能源使用行为和购买行为上，鲜有文献对农村居民清洁能源应用意愿影响因素的作用机制进行研究。为此，本书采用农户调研数据，基于拓展的技术接受模型（TAM），运用结构方程模型分析农户清洁能源影响意愿的影响因素。

第二节　理论分析

Davis（1989）提出的技术接受模型（Technology Acceptance Model，TAM）认为，系统使用是由行为意向决定的，用户想用的态度和感知的有用性影响其行为意愿，外部变量包括系统设计特征、用户特征、政策影响、组织结构等会影响用户感知的有用性。Venkatesh 和 Davis（2000）建构了一个 TAM 的理论扩展模型（TAM2），将社会影响和便利条件引入模型，此模型能够更好地解释用户使用意愿。由于农户清洁能源应用意愿也是一种技术接受行为，因此，本书基于技术接受模型，构建一个情境因素（社会影响和便利条件）通过影响农户感知的有用性，进而影响农户清洁能源应用意愿分析框架。

从众心理是指农村居民受到外界人群（如亲戚朋友、邻居、村干部等）行为的影响，而在自己的知觉、判断、认识上表现出符合公众舆论或多数人的行为方式。李后建（2012）认为农村居民采纳循环农业技术的动力来源于内化或认同的心理过程，农村居民会接受循环农业技术推广专家陈述的信息，将其整合到自身的认知系统中，然后内化成自己对循环农业技术的看法；农村居民同时也会参考其他农村居民采纳循环农业技术所带来的效果。唐毅青等（2017）发现协同消费的社会影响对感知的有用性有显著影响，并通过感知有用性的中介作用影响参与意向。农村居民因受到自身知识水平的限制，更容易对他人意见产生认同感，邻居、亲戚朋友以及村干部等对应用清洁能源益处的宣传也会增强其感知的有用性，因此，从众心理对农村居民应用清洁能源感知的有用性有正向影响。为此，提出H1。

H1：从众心理对农户应用清洁能源感知有显著正向影响。

农户应用清洁能源感知的有用性是指农户主观上认为应用清洁能源所能带来的益处（如节约能源开支、节省劳动力、身体健康等）。技术接受模型（TAM）认为，用户感知的有用性影响其行为意愿。国内已有研究已经证实了，用户感知的有用性对其应用意愿有显著影响。如王琛、吴敬学（2016）研究表明，农村居民的技术感知易用性对其选择新技术意愿有显著的促进作用。朱月季等（2015）发现，农村居民感知有用性对其新技术采纳决策有显著的正向影响。彭新宇和高雷（2014）采用湖南省国家级贫困县调查数据研究发现，国家级贫困县农村居民对沼气有用性感知与其沼气采纳决策正相关。农户感知到应用清洁能源的好处越多，其应用清洁能源的意愿越强。为此，提出H2。

H2：农户感知因素对其应用清洁能源意愿具有显著正向影响。

价值—信念—规范（VBN）模型认为价值观包括利己价值观、利他价值观和生态价值观，不同的价值观会形成不同的新生态范式，生态范式通过信念和个人规范等引导个体形成环境责任感，环境价值观与环境责任感引发农户对于环境问题的深入思考，进而影响其清洁能源应用意愿。因此提出H3和H4。

H3：环境价值观对农户清洁能源意愿有显著的正向影响。

H4：环境责任感对农户清洁能源意愿有显著的正向影响。

根据上述假设，本书的概念模型如图3-1所示。

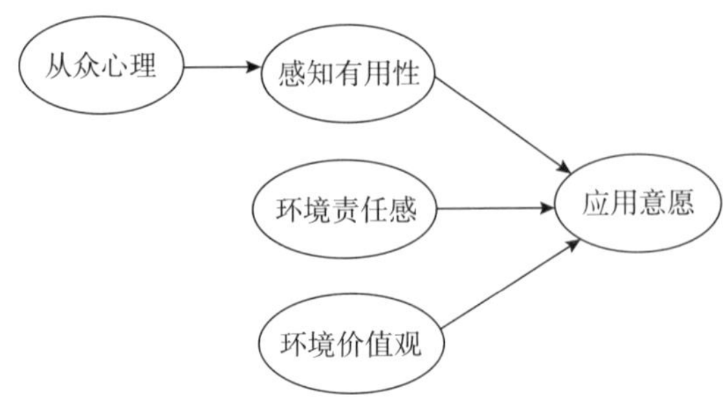

图3-1　概念模型

第三节　数据来源与变量构建

一、数据来源

本书的研究对象为江西省农户，考虑到江西省不同区域的经济社会发展水平存在差异，本书根据江西省2010年的农村居民人均纯收入（元），将江西省的所有县（市）分为四类，然后从每类中随机选取五个样本县进行问卷调查。由于调查问卷中含有清洁能源的购买行为，因此，问卷调查对象是农户家中16周岁以上的农村居民。2016年1月11至2月26日，课题组采用入户调查的方式对于都县、万安县和修水县等20个样本县的农户进行了实地调研，共调研了673个农户（其中访谈了26个农户，问卷调查了647个农户）。2016年5月对部分样本县农户进行了补充调查，实地调研150个农户，得到有效问卷130份。课题组对回收的调查问卷进行逐份检查，剔除存在漏题的问卷以及答题相互矛盾的问卷，最终有效问卷数为695份，有效率为87.5%，如表3-1所示。

表3-1　问卷发放及回收情况

调查次数	回收问卷（份）	有效问卷（份）	问卷有效率（%）
第一次	647	565	87.3
第二次	147	130	88.4
总计	794	695	87.5

为了保证抽到足够数量应用了清洁能源的农户，便于分析推进政策对农户清洁能源应用行为的影响，另外也需要一定比例的没有应用清洁能源的农户进行对比分析。课题组在样本村以7∶3的比例随机抽取10户农户（7户应用了清洁能源的农户和3户没有应用清洁能源的农户）进行调查。如遇特殊情况，课题组分别设计了相应的抽样方法：一是样本村全村应用了清洁能源的农户不到7户，所有应用了清洁能源的农户都为调查的样本户；二是全村应用了清洁能源的农户仅

为1~2户，总样本量从10户变为5户（包括应用了清洁能源农户及未应用清洁能源农户），应用了清洁能源的农户都为调查的样本户；应用了清洁能源的农户大于50户的村，同样以7:3的比例抽取，但总样本量从10户提高到20户。

二、样本描述

（一）样本地区分布

在回收的695份有效问卷中，根据农村居民人均纯收入（元）将农户划分为四类，这四类样本数量及其在总样本中所占比重如表3－2所示。由表3－2可知，这四种类型收入的农户在总样本中所占比重为20.86%~26.19%，不同收入的样本类型分布比较均衡，样本收入类型有良好的代表性。

表3－2　各类收入地区回收问卷情况表

类别	农村居民人均纯收入（元）	样本数量（份）	占比（%）
第一类	2735~3190	177	25.47
第二类	3191~5532	191	27.48
第三类	5533~6274	145	20.86
第四类	6275~8732	182	26.19
合计	2735~8732	695	100.00

根据被调查农户所在的地区，对回收的有效问卷进行样本分布特征分析，描述结果如表3－3所示。从表3－3中可以看出，在第一类中，各样本县样本数在第一类总样本中所占比重为3.88%~5.61%；在第二类中，虽然定南县样本数在第二类总样本中所占比重最大，为8.63%，信丰县样本数在第二类总样本中所占比重最小，为4.17%，但这两个样本县在第二类总样本中所占比重的差距也不到5%；在第三类中，瑞昌市样本数在第三类总样本中所占比重最小，为2.01%，玉山县样本数在第三类总样本中所占比重最大，为6.33%，但两者的比重差距不到4.5%；在第四类中，各样本县样本数在第四类总样本中所占比重为4.03%~6.33%。这说明，在每个收入类型中，样本县的分布比较均衡，样本具有良好的代表性。

表3－3　数据分布情况描述（N=695）

类型	地区	样本数量（份）	占比（%）	类型	地区	样本数量（份）	占比（%）
第一类	于都县	27	3.88	第三类	德安县	30	4.32
	万安县	37	5.32		湖口县	23	3.31
	修水县	39	5.61		玉山县	44	6.33
	鄱阳县	37	5.32		瑞昌市	14	2.01
	上犹县	37	5.32		泰和县	34	4.89
第二类	信丰县	29	4.17	第四类	上高县	30	4.32
	兴国县	40	5.76		上栗县	43	6.19
	余干县	30	4.32		新建县	37	5.32
	定南县	60	8.63		丰城市	44	6.33
	瑞金市	32	4.60		南昌县	28	4.03

（二）被访者基本特征

在695份农户调查数据中，户主为男性的有508人，占总样本的73.1%，说明受访对象以男性为主。30岁以上有507人，占72.9%；户主受教育程度为小学及以下的有183人，初中的有303人，初中及以下占69.9%，表明受访对象以初中及以下为主。户主已婚的有551人，占79.3%。农户年收入在3万元及以下、3万~5万元、5万元以上分别占总样本的36.7%、30.5%、32.8%（见表3-4），说明样本的各收入层次比较均衡，样本有一定的代表性。

表3-4　样本描述性统计

样本基本特征	分类情况	人数	占总人数的比重（%）
户主的性别	男	508	73.1
	女	187	26.9
户主的年龄	30岁以下	188	27.1
	30岁以上	507	72.9
农户家庭年收入	3万元及以下	255	36.7
	3万~5万元	212	30.5
	5万元及以上	228	32.8
户主受教育程度	小学及以下	183	26.3
	初中	303	43.6
	高中及以上	209	30.1

续表

样本基本特征	分类情况	人数	占总人数的比重（%）
户主的婚姻状况	已婚	551	79.3
	未婚	144	20.7

三、变量测量

为了保证量表测量的信度与效度，课题组主要采用国内外较为成熟的量表进行测量，并结合实际情况进行修改。并在正式调查前，通过访谈等形式对量表进行修正，环境价值观（EV）改编自 Stern 等（1999）、Dunlap 等（1999）的研究，题项分别为："自然界是脆弱并容易受到破坏的""一个国家产生的污染会威胁到全世界的人""环境污染对公共健康的影响比我们意识到的更糟糕"。环境责任感（ER）改编自芈凌云（2011）的研究，测量题项分别为："为了使用清洁能源，我愿意牺牲一些个人利益""当看到有人做有损环境的行为时，我会主动劝阻""我会主动向朋友、熟人宣传清洁能源方面的知识"。从众心理（SI）参考了芈凌云（2011）的研究，测量题项分别为："在日常消费中，我喜欢与周围的大多数人保持一致""我常常会购买朋友、亲戚或邻居都买的产品""如果我周围的熟人都使用清洁能源，我也会使用"。感知有用性（P）借鉴了何德华、鲁耀斌（2009）的研究，题项分别为："使用清洁能源有利于节约能源消费支出""使用清洁能源有利于节约劳动力""使用清洁能源方便、卫生"。主要变量均采用李克特五级量表进行赋值。

第四节　模型分析与假设检验

一、信度与效度检验

（一）信度检验

利用 STATA. 14 软件进行信度分析，各潜变量的信度检验结果如表 3－5 所示。由表3－5可知，各潜变量的Cronbach's α系数都高0.5，CR值均高于0.5，说明量表的内部一致性较好，本书所使用调查问卷的可信度较高。

表3－5 信度与效度检验结果

变量	测量题项	标准化因子载荷	KMO	Cronbach's alpha	CR值	AVE
环境责任感	ER1	0.774	0.670	0.780	0.873	0.696
	ER2	0.880				
	ER3	0.845				
环境价值观	EV1	0.788	0.661	0.760	0.863	0.678
	EV2	0.875				
	EV3	0.804				
从众心理	SI1	0.825	0.680	0.751	0.857	0.667
	SI2	0.845				
	SI3	0.779				
感知有用性	P1	0.825	0.677	0.767	0.866	0.684
	P2	0.867				
	P3	0.786				
应用意愿	AW1	0.720	0.729	0.747	0.841	0.571
	AW2	0.848				
	AW3	0.714				
	AW4	0.733				

（二）效度检验

借助STATA0.14和AMOS17.0软件，运用因子载荷、平均方差抽取量（AVE）和组合信度（CR）检验量表效度，检验结果如表3－5所示。从表3－5中可以看出，潜变量的KMO值均大于0.6，可知变量适合进行因子分析。各变量标准化因子载荷值均大于0.7，各潜变量的平均抽取方差（AVE）都大于0.55，这表明各潜变量均有较好的效度；各潜变量的组合信度（CR）值均大于0.8，说明测量模型的构念信度良好，量表具有良好的建构效度。

二、模型拟合与假设检验

（一）模型适配度检验

根据信度和效度结果判断，变量适合建构结构方程模型进行分析。运用

AMOS17.0软件对模型适配度进行测算，CMIN/DF（卡方自由度比）为2.113，标准为<3.000，检验结果良好；RMSER为0.041，不仅小于1而且小于0.05，检验结果很好；GFI为0.973、NFI为0.958、IFI为0.977、CFI为0.977、TLI值为0.962，以上指标均在0.9以上，可以判断模型的适度良好。

（二）模型估计结果

运用AMOS17.0软件对农户应用清洁能源意愿的结构方程模型进行估计，估计结果如表3-6所示。

表3-6　结构模型估计结果

路径	路径系数	CR	P	结果
H1：从众心理→感知有用性	0.139	3.843	***	成立
H2：感知有用性→清洁能源应用意愿	0.235	4.744	***	成立
H3：环境责任感→清洁能源应用意愿	0.369	7.398	***	成立
H4：环境价值观→清洁能源应用意愿	0.172	3.355	***	成立

注：***表示在1%的水平上显著。

从表3-6中可得出以下结论：

（1）从众心理对农户应用清洁能源感知因素有显著的正向影响。从众心理对农村居民应用清洁能源感知的有用性的路径系数为0.139，在1%的显著性水平上显著，H2得到验证，与预期一致。这说明亲戚朋友、邻居和村里应用清洁能源的农村居民越多，农村居民越能感知应用清洁能源的有用性。原因可能是，农村居民通过对周围亲戚朋友、邻居等应用清洁能源的农村居民进行观察，对应用清洁能源的好处有了更加直观的感受，再加上已应用清洁能源农村居民的口碑宣传，增强了农村居民应用清洁能源感知的强度。

（2）农户感知有用性对其清洁能源应用意愿有显著的正向影响。农户感知的有用性对其清洁能源应用意愿影响的路径系数为0.235，在1%的显著性水平上显著，与H1一致。这表明农户对使用清洁能源的有用性感知越强烈，其应用清洁能源的意愿越强。可能的解释是，农户对使用清洁能源的益处了解越多，就越会产生对清洁能源的认同感，从而提升使用意愿。

（3）环境价值观对农户清洁能源应用意愿有显著的正向影响。环境价值观对其清洁能源应用意愿的路径系数为0.172，在1%的显著性水平上显著。环境价值观会引发农户对环境问题的深入思考，具有环境价值观的农村居民倾向于实施环境行为，应用清洁能源是一种环境行为，因此，环境价值观越强的农村居民，清洁能源应用意愿越强。

（4）环境责任感对农户清洁能源应用意愿有显著的正向影响。环境责任感对其清洁能源应用意愿的路径系数为 0.369，在 1% 的显著性水平上显著。具有环境责任感的农村居民认为保护环境非常重要，愿意实施对环保有利的行为，并将实施环境行为作为自己的责任。

第五节　研究结论及启示

本书采用农户调研数据，运用结构方程模型研究农户清洁能源应用意愿的影响因素，结果表明，从众心理对农户清洁能源使用感知有显著的正向影响，农户感知有用性对其清洁能源应用意愿有显著的正向影响；环境价值观和环境责任感对农户清洁能源应用意愿的有用性有显著的正向影响。

根据以上研究结论，本书得到如下政策启示：

（1）政府应对使用清洁能源的益处进行大力宣传。农村地区清洁能源知识相对匮乏，农村居民的认知水平有限，需要借助村委会的力量定时开展宣传活动，组织农村居民参观已使用清洁能源的家庭，使农村居民对清洁能源有用性产生直观认识，从而主观上对使用清洁能源产生认同感，提高清洁能源使用意愿。

（2）积极引导村干部、党员、思想先进的部分农村居民率先应用清洁能源。通过让部分农村居民发挥带头示范作用，让农村居民以应用清洁能源为荣，形成良好的社会氛围，对其他农村居民的应用意愿产生积极的正向影响。

（3）加强对清洁能源应用的整体配套体系的建设。整体的配套体系应包括前期的技术支持，使用过程中的管理支持、维修支持等。良好的技术配套体系能够激发农村居民的清洁能源应用意愿，当农村居民认识到使用清洁能源有技术保障时，会增强使用清洁能源的信心，解决了部分农村居民因为担心后续的技术问题而放弃使用清洁能源的问题。

第四章　农户应用清洁能源不同类型意愿研究

第一节　引言

农户是农村能源消费的主体，引导农户在生产和生活中应用清洁能源，减少柴薪、煤炭等传统能源的使用，对于减少碳排放、提高农民生活质量、优化农户能源消费结构有重要意义。由于农户应用清洁能源有不同的方式，如修建太阳房、购买清洁能源、购买使用清洁能源的产品（如太阳能热水器、太阳灶、太阳能汽车等），农户不同应用方式的影响因素可能会存在差别，因此，研究农户不同应用方式意愿的影响因素，分析其中的差异性，对于优化我国清洁能源政策有参考作用。

已有清洁能源应用的相关研究主要集中在两个方面：①分析消费者新能源汽车的购买意愿。有研究发现，销售价格、使用成本、加速性能等汽车属性，政府的环保法规，油价政策和政府优惠政策等因素影响消费者购买新能源汽车的意愿（John 等，2015；Zhang 等，2012；许召建，2012；唐葆君，2011；Potoglou，2007；Adler 等，2003）。还有学者研究表明，消费者的心理因素和人口统计特征也会影响消费者购买新能源汽车的意愿。如 Knez（2014）认为年龄越大，购买新能源汽车的概率越高。Kahn（2007）指出消费者的环保意识与新能源车偏好成正比。王宁等（2015）认为，年龄、学历水平、家庭平均年收入与电动汽车的购买决策显著相关，并且消费者更倾向于将电动汽车作为家庭第二辆车。②研究农户沼气应用意

愿、使用行为方面。已有研究表明，心理因素（环保意识、认知因素等）（朱立志、赵鱼，2012；高俊才，2010）、情境因素（经济因素、资源禀赋、政府政策等）（许亚男等，2016；汪海波、辛贤，2008；杨艳丽等，2009）、农户户主特征和家庭特征（孔祥智等，2004；杨建州等，2009）都会影响农户沼气应用行为。

综上所述，已有文献主要集中在研究消费者购买新能源汽车、应用沼气等方面，但对农户购买清洁能源、投资修建应用清洁能源的设施（如建设太阳房等）方面的研究较少。由于根据农户应用清洁能源方式不同，可分为使用清洁能源、投资修建应用清洁能源的设施、购买清洁能源，这三种清洁能源的应用方式有着不同的特点，其应用意愿的影响因素可能会存在差别。因此，有必要对这两种不同的清洁能源意愿进行研究。而对农户清洁能源应用意愿进行分类研究的文献比较少，探究农户清洁能源不同意愿影响因素间层次结构的文献更是少见。鉴于此，本书将农户清洁能源应用意愿分为三类：使用意愿、投资意愿、购买意愿，采用江西省 695 份农户调研数据，运用多元有序 Probit 模型研究这三类清洁能源应用意愿的影响因素，为政府完善农村清洁能源政策提供参考。

第二节 理论分析与模型构建

一、理论分析

计划行为理论认为，行为意愿是行为的直接前因变量，主观规范、态度、感知行为控制等一系列心理变量均对行为意愿产生影响。其中，行为意愿是指个体愿意从事某一特定行为并付出努力的心理倾向；知觉行为控制指个体对自己实施某一行为可能遇到的困难和障碍是否可以控制的信念。在本书中，农户应用清洁能源可能会遇到困难和障碍，较强的行为控制感知会增强其应用清洁能源的意愿。农户应用清洁能源是一种环境行为，已有环境行为的相关研究表明，城市居民的行为控制感知对其节能行为意愿有促进作用。芈凌云（2016）发现城市居民的知觉行为控制会影响其低碳行为意愿。因此，本书认为感知的行为控制会对农户清洁能源应用意愿产生影响。

价值—信念—规范理论基于价值观理论，提炼出个人价值观体系中与环境密切相关的三种价值观，并将其分为利己价值观、利他价值观和生态价值观。利己价值观是关注环境问题对自身利益影响的信念；利他价值观是关注环境问题对他人和长远利益影响的信念；生态价值观是指以自然环境固有的价值为中心，认为人类不应该破坏自然的信念（Stern 等，1999）。已有研究表明，利他价值观、生态价值观对个体实施环境行为有正向影响（Stern 等，1995；Groot 和 Steg，2010）。杨冉冉（2011）研究表明，生态价值观对城市居民绿色出行意愿有显著影响。价值—信念—规范理论认为环境责任感直接影响个体的环境行为。杨树（2015）发现环境责任感与城市居民直接日常节能行为和间接日常节能行为显著相关。因此，可以认为，环境价值观、环境责任感会对农户清洁能源应用意愿产生影响。

农户使用清洁能源是一种技术采纳行为，技术接受模型认为系统使用是由行为意向决定的，用户感知的有用性和易用性会影响其行为意愿，外部变量包括社会影响、便利条件和政策影响等会影响用户感知的有用性和易用性。在本书中，农户的感知因素包括感知的有用性和易用性。农户感知的有用性是指其应用清洁能源可以节约能源消费支出、减少环境污染、节省劳动等益处。农户感知的易用性是指其使用清洁能源比较容易和方便。社会影响是指农户的社会关系网络（如亲戚朋友、邻居、村干部等）对其清洁能源应用意愿的影响。便利条件是指农户认为现有的资源和条件对其应用清洁能源的便利程度。已有农户技术采纳行为的相关研究表明，采纳条件对农户循环农业技术采纳意愿有显著的正向影响。即当具备适当的条件和相应的物质条件时，其采纳循环农业技术的意愿就会提高（李后建，2012）。张瑞英等（2014）研究发现，“能源使用是否快捷、维护简单”对农户可再生能源使用意愿有显著影响。汪兴东、杨蓉（2016）研究发现，参照群体对农村居民的生态消费意愿有显著的正向影响。因此，本书认为感知因素、社会影响、行为便利会对农户清洁能源意愿产生影响。

农户使用清洁能源是一种环境行为，其掌握应用清洁能源的知识和技能是应用清洁能源的决定因素；但农户具备了环境问题意识和清洁能源应用知识后，还要求其具有内在的环境态度、控制观和责任感，这些因素综合作用于农户，使其产生一定的行为意愿。岳婷（2014）研究得出，节能知识对节能行为意愿起到促进作用。因此本书认为清洁能源知识会对农户清洁能源应用意愿产生影响。

负责任的环境行为模型认为外部情境变量是影响个体实施环境行为的重要外因。情境因素是指影响农户应用清洁能源的外部环境因素。农户应用清洁能源需要购买使用清洁能源的产品（如太阳能热水器、太阳能灯、风能水泵等）、修建太阳房和沼气池等。如果政府对农户应用清洁能源给予经济激励，会降低农户的应用成本。已有农村清洁能源应用方面的研究发现，沼气补贴占建池成本的比例每上升1%，会使建池比例提高0.30%（仇焕广等，2013）。滕玉华等（2017）研究发现，经济激励政策是影响农户清洁能源购买行为的重要因素。赖良玉等（2017）研究得出，经济激励政策对农户初次应用清洁能源行为有显著正向影响。由此，可以认为经济激励会对农户清洁能源应用意愿产生影响。

在农户特征方面，张瑞英等（2014）认为，性别、年龄和家庭年收入对农户可再生能源使用意愿有显著影响。杨树（2015）研究发现，婚姻状况、家庭结构、收入水平、受教育程度等人口统计特征对居民能效投资行为意向有显著影响。Poortinga（2003）研究显示，家庭主要成员的受教育程度的高低会显著影响他们对于节能措施的偏好。MCmakin（2002）研究表明，家庭中有儿童的，成员会出于为儿童做出表率的目的而更加注重自身的节能行为的实施和节能产品的使用和购买。孙岩（2009）研究得出，老人比年轻人更加注重节能，有老人的家庭其节能水平更高。因此，可以认为农户特征中的婚姻状况、受教育程度、家庭年收入、家庭结构（家中有12岁以下儿童、家中有60岁以上老人）、是否来自清洁能源示范县会影响农户清洁能源应用意愿。

二、模型构建

（一）变量设置

本书将采用两种类型变量：潜变量和显变量。潜变量的测量主要采用国内外较为成熟的量表作为测量工具，并结合中国农户的实际情况与本章的研究目的，对量表的内容进行适当的修改。在农户的调查问卷中，潜变量均采用李克特五级量表，要求农户根据自身实际情况进行评价。

潜变量包括环境价值观、从众心理、感知因素、感知的行为控制、清洁能源知识、经济激励和行为便利，这七个潜变量均采用李克特五级量表测量。环境价值观（V）参考 Stern（1999），Dunlap、Van Liere（1999）的研究自行设计。环境责任感（D）改编自芈凌云（2011）的研究。从众心理（C）参考了芈凌云（2011）的研究。感知因素（G）参考了芈凌云（2011）的研究，结合农户的调研自行开发。感知的行为控制（Z）的测量参考了 Sherer 等（1982）和岳婷（2014）的研究，设计了三个条目。清洁能源产品属性是根据岳婷（2014）的研究，设计了三个条目的量表。经济激励（J）参考了 Stern（2000）的量表，根据我国农户实际情况设计了三个条目的量表。行为便利（B）的测量参考曲英（2007）和孙岩（2006）的研究，结合概念设计了三个条目（见表 4－1）。

表 4－1　调查问卷各测量变量的描述性统计

因子	编号	测量变量	均值	标准差
环境价值观（V）	V1	自然界是脆弱并容易受到破坏的	4.037	0.800
	V2	一个国家产生的污染会威胁到全世界的人	3.933	0.827
	V3	环境污染对公共健康的影响比我们意识到的更糟糕	3.925	0.852
从众心理（C）	C1	在日常消费中，我喜欢与周围的大多数人保持一致	3.280	0.910
	C2	我常常会购买朋友、亲戚或邻居都买的产品	3.254	0.929
	C3	如果我周围的熟人都使用清洁能源，我也会使用	3.807	0.693
感知因素（G）	G1	使用清洁能源有利于节约劳动力	3.494	0.846
	G2	使用清洁能源方便、卫生	3.901	0.713
	G3	学习使用清洁能源对我来说很容易	3.532	0.975
感知的行为控制（Z）	Z1	如果我尽力去做一件事，我总是能够达到目标	3.217	0.778
	Z2	在遇到麻烦的时候，我能很快想到解决的办法	3.159	0.725
	Z3	我相信以我的才智，我能应付任何出乎意料的事情	2.920	0.922
清洁能源知识（S）	S1	煤、石油、天然气等化石能源大量消耗使大气中二氧化碳浓度不断上升	3.081	1.269
	S2	应用清洁能源是一种以绿色为特征的经济发展模式	2.970	1.171
	S3	应用清洁能源是解决我国应对气候变化的根本出路	2.699	1.377
经济激励（J）	J1	使用清洁能源是为了省钱	3.317	1.237
	J2	使用清洁能源的家电可以节省开支	3.704	0.843
	J3	使用清洁能源很划算	3.752	0.657
行为便利（B）	B1	有使用清洁能源所要求的经济条件	3.353	1.007
	B2	使用清洁能源时可以得到必要的支持和帮助	3.182	0.920
	B3	有使用清洁能源所要求的技术条件	3.041	0.997

显变量有：农户清洁能源使用意愿（为了减少碳排放，我愿意使用清洁能源）、农村居民清洁能源投资意愿（只要财力允许，我愿意建设太阳房）、农户清洁能源购买意愿（我愿意为绿电即太阳能、风能发的电，每个月多支付5%～10%的电费）；这两类农户清洁能源应用意愿均采用李克特五级量表进行测量（很不愿意=1，不太愿意=2，中立=3，比较愿意=4，非常愿意=5），婚姻状况（已婚=1，未婚=0），受教育程度（小学及以下=1，初中=2，高中及以上=3），家庭年收入（3万元以下=1，3万～5万元=2，5万元以上=3），家庭结构［家中有12岁以下儿童（是=1，否=0）、家中有60岁以上老人（是=1,否=0）］，是否来自清洁能源示范县（是=1，否=0）。

（二）模型构建

因变量 Y_k（$k=1, 2, 3$）分别表示“农户清洁能源使用意愿”“农户清洁能源投资意愿”“农户清洁能源购买意愿”。因为 Y 为有序连续性变量，所以本书采用多元有序Probit模型识别农户清洁能源应用意愿的影响因素。

假设 $y^* = x\beta + \varepsilon$，其中 y^* 是不能被观测到的内在趋势，而 y_i 表示在（1，2，…，i）上取值的有序响应，x，β，ε 分别为模型的解释变量、待估计参数和随机干扰项。

$y=1$ 的概率为：$P(y=1 \mid x) = P(y^* > 0) = P(\varepsilon > -x\beta) = F(x, \beta)$。

如果 $F(x, \beta)$ 为标准正态的累积分布函数，则：

$P(y=1 \mid x) = F(x, \beta) = \phi(x\beta) \equiv \int_{-\infty}^{x\beta} \phi(t)\, dt$，该模型被称为Probit模型。关于 y_i 的有序Probit模型，其选择规则如下：

$$y_i = \begin{cases} 1, & y^* \leqslant r_1 \\ 2, & r_1 < y^* \leqslant r_2 \\ 3, & r_2 < y^* \leqslant r_3 \\ 4, & r_3 < y^* \leqslant r_4 \\ 5, & r_4 < y^* \end{cases}$$

其中，r_1，r_2，r_3，r_4 为待估计参数，且 $r_1 < r_2 < r_3 < r_4$，称之为切点（Cutoff Points）。

假设 $\varepsilon \sim N(0, 1)$，则有：

$$P(y=1|x)=P(y^*\leqslant r_1|x)=P(x\beta+\varepsilon\leqslant r_1|x)=P(\varepsilon\leqslant r_1-x\beta|x)$$
$$=\Phi(r_1-x\beta)\ P(y=2|x)=P(r_1<y^*\leqslant r_2|x)$$
$$=P(y^*\leqslant r_2|x)-P(y^*<r_1|x)$$
$$=P(x\beta+\varepsilon\leqslant r_2|x)-\Phi(r_2-x\beta)$$

同理可得：

$$P(y=3|x)=\Phi(r_3-x\beta)-\Phi(r_2-x\beta)\ P(y=4|x)$$
$$=\Phi(r_4-x\beta)-\Phi(r_3-x\beta)\ P(y=5|x)$$
$$=1-\Phi(r_4-x\beta)$$

构建的多元有序 Probit 模型如下：

$$Y_{ki}^*=\alpha_0+\alpha_1N+\alpha_2P+\alpha_3C+\mu \tag{4-1}$$

其中，i 表示第 i 个农户；N 表示农户个体和家庭特征，包括婚姻状况、家庭年收入、受教育程度、家中有 60 岁以上老人、家中有 12 岁以下儿童、位于清洁能源示范县；P 表示农户心理因素，包括环境价值观、环境责任感、从众心理、感知因素、感知的行为控制；C 表示情境因素，包括清洁能源知识、经济激励、行为便利；μ 表示随机误差项。

第三节　数据来源与样本描述

一、数据来源

课题组根据江西省 2010 年的农户人均纯收入（元），将江西省的所有县（市）分为四类，从每类中随机选取五个样本县，然后从每个样本县中随机选取四个样本村，最后根据样本村管理部门提供的农户清洁能源应用信息，从每个样本村中采用分层随机抽样法选取 10 个样本农户进行问卷调查。为了保证抽取到足够数量已应用清洁能源的农户，课题组在每个样本村中按照 7∶3 的比例随机抽取 10 户农户（7 户应用了清洁能源的农户和 3 户没有应用清洁能源的农户）进行调查。如遇特殊情况，课题组设计了不同的抽样方法：一是样本村全村应用

了清洁能源的农户不到7户，所有应用了清洁能源的农户都为调查的样本；二是全村应用了清洁能源的农户只有1～2户，总样本量从10户变为5户（包括应用了清洁能源农户及未应用清洁能源农户），应用了清洁能源的农户均为调查的样本；当样本村应用了清洁能源的农户大于50户时，同样以7∶3的比例抽取，但总样本量从10户增加到20户。2016年1～5月，课题组对江西省信丰、上栗、永修、德安等20个样本县的794个样本农户进行问卷调查，得到有效问卷695份。2016年6月课题组又进行了一次补充调查，获得调查问卷158份，有效问卷136份。因此，两次问卷调查的农户问卷为831份，有效率为87.2%。

二、样本描述统计

在被调查样本农户中，男性人数较多，所占比例为73.1%，比女性所占比例多46.2%；年龄在35岁以上的农户居多，占总体的68.2%；家庭年收入在3万元及以下的农户占比36.7%，收入在3万～5万元的农户占比30.5%，收入在5万元及以上的农户占比32.8%；被调查农户受教育程度为初中、高中及以上的比例较高，为73.7%；被调查对象中的已婚农户人数较多，占比79.3%；来自非清洁能源示范县的农户占比76.4%，比来自清洁能源示范县的农户所占比例多出52.8个百分点；非兼业的农户所占比例较高，为81.4%。可知被调查对象以已婚、年龄在35岁及以上、受教育程度在初中以上、来自非清洁能源示范县、非兼业的男性农户为主，样本具有一定代表性。

第四节　实证结果及分析

运用Stata14.0软件对式（4－1）分别进行稳健的多元有序Probit回归，估计结果如表4－2所示，其中三个模型的Pseudo R2分别为0.1534、0.0891、0.0943；LR chi2分别为322.92、208.82、224.93；样本数为831，可知模型拟合尚可。然后删除模型1、模型2、模型3中不显著的解释变量，再次进行多元有序Probit回归，比较两次回归估计结果发现系数大小与影响方向均未发生显著改变，可知模型具有较好的稳健性。

表 4-2 估计结果

影响因素	变量	使用意愿		投资意愿		购买意愿	
		结果 1	结果 2	结果 3	结果 4	结果 5	结果 6
人口统计特征	婚姻状况	0.333***	0.350***	-0.116	—	0.050	—
	家庭年收入	-0.031	—	-0.050	—	-0.065	—
	受教育程度	-0.014	—	-0.022	—	-0.008	—
家庭结构	有 60 岁以上老人	0.187**	0.183**	0.169**	0.168**	0.195***	0.201***
	有 12 岁以下儿童	-0.001	—	-0.048	—	-0.013	—
区域特征	清洁能源示范县	-0.001	—	-0.090	—	-0.089	—
心理因素	环境价值观	0.218***	0.228***	0.059	—	0.075	—
	环境责任感	0.149***	0.145***	0.213***	0.246***	0.356***	0.381***
	从众心理	-0.018	—	0.110***	0.119***	0.073***	0.076***
	感知因素	0.219***	0.245***	0.075	—	-0.030**	-0.075**
	感知的行为控制	0.188***	0.193***	0.220***	0.209***	0.172*	0.176*
	清洁能源知识	0.318***	0.312***	0.235***	0.264***	0.195***	0.187***
情景因素	经济激励	0.086**	0.102**	-0.002	—	-0.077	—
	行为便利	0.040	—	-0.116**	-0.108**	0.051	—

注：***、**、* 分别表示 1%、5% 和 10% 的显著性水平。

由表 4-2 可知，农户清洁能源应用意愿不同，其影响因素也存在显著差异。婚姻状况、家中有 60 岁以上老人、环境价值观、环境责任感、感知因素、感知的行为控制、清洁能源知识对农户清洁能源使用意愿有显著的正向影响。家中有 60 岁以上老人、环境责任感、感知的行为控制、社会影响、清洁能源知识对农户清洁能源投资意愿有显著的正向影响，行为便利对农户的投资意愿有显著的负向影响。家中有 60 岁以上老人、环境责任感、感知的行为控制、清洁能源知识对农户清洁能源购买意愿有显著的正向影响。

一、农户清洁能源使用意愿

从表 4-2 估计结果可知，婚姻状况对农户清洁能源使用意愿有显著的正向影响，均在1%的统计水平上正向显著。说明已婚农户的清洁能源使用意愿高于未婚农户，可能的解释为，农户自己组建家庭后需要自己支付和选择使用能源，因此选择使用方便、卫生的清洁能源的意愿更强。

有60岁以上老人的家庭对农户清洁能源的使用意愿有显著的正向影响，在5%的统计水平上正向显著，说明有60岁以上老人的农户家庭更倾向于使用清洁能源，与孙岩（2009）的研究结论一致。可能的解释为，60岁以上老人在其成长生活的时代背景影响下，普遍具有节省的观念，受此观念影响，老人更愿意选择可以节省开支的清洁能源，从而会影响家庭成员的使用意愿。

环境价值观对农户的使用意愿有显著的正向影响，在1%的统计水平下正向显著，说明环境价值观越强的农户使用意愿越强。可能的解释为，根据VBN理论，环境价值观越强的农户对环境问题产生的思考更深入，并引发相应的包括行为后果意识及环境责任归因的信念，形成积极的使用意愿。农户具有环境价值观则趋向于环境友好行为，清洁能源的使用能够减少能源不合理使用带来的环境问题，因此其对清洁能源使用会产生更强的意愿。

环境责任感对农户的清洁能源使用意愿有显著的正向影响。该变量在1%的统计水平上正向显著。这说明，农户的环境责任感越强，其使用意愿越强。可能的解释为，具有环境责任感的农户对环境问题的关注度高，把使用清洁能源作为自己保护环境的义务。

感知因素在1%的显著性水平上正向显著。说明农户对使用清洁能源的益处感知越强，农户的使用意愿越高。可能的解释是，农户对清洁能源使用的益处了解越多，越倾向于把这些看到的益处转化成自己可获得的益处，因此使用意愿更强。

感知的行为控制在1%的显著性水平上正向显著，说明感知的行为控制对农户的使用意愿具有显著的正向影响。可能的解释为，感知的行为控制越强的农户对自己完成行为所带来的效果越有信心，在面对新事物时更倾向于尝试，对于清洁能源使用的行为结果更有信心，相信自己能够通过实施行为获得相应的益处，对于自己坚信的事情会坚定地付诸行动，所以使用意愿更强。

清洁能源知识对农户清洁能源的使用意愿有显著的正向影响，在1%的统计水平上正向显著。这说明拥有清洁能源知识越多的农户使用意愿越强。可能的解释为，清洁能源知识水平越高，农户对于清洁能源的了解越深，对于环境问题的思考越深入，倾向于通过使用清洁能源来缓解自己对环境的担忧感。

经济激励在5%的显著性水平上正向显著，说明经济激励越强，农户使用意愿越强，可能的解释是，经济激励能够给农户带来直观的经济补贴收益，经济激励越强，农户可获得的经济补贴越高，农户的使用意愿越强。

二、农户清洁能源投资意愿

从表4－2的估计结果可知，家中有60岁以上老人对农户清洁能源投资意愿有显著的正向影响，在5%的统计水平上正向显著，说明有60岁以上老人的农户家庭更愿意对清洁能源使用设施进行投资。可能的解释为，老年人一般具有较强的节省意识，在面对可以惠及后代的大型工程时，通常会站在为后代考虑的角度选择进行投资，因此在面对清洁能源使用设施的建设时，投资意愿较强。

环境责任感对农户的清洁能源投资意愿有显著的正向影响。该变量在1%的统计水平上正向显著。这说明，农户的环境责任感越强，投资意愿越高。可能的解释为，具有环境责任感的农户，环保责任意识很强，在高度环保意识的影响下，他们认为使用清洁能源所付出的资金代价远低于使用传统化石能源带来的环境代价，因此环境责任感越强的农户投资意愿越强。

从众心理对农户的投资意愿有显著的正向影响，在1%的显著性水平上正向显著，说明从众心理越强的农户，清洁能源投资意愿越强。可能的原因是，农户知识水平普遍较低，信息获取来源匮乏，在实施行为时主要参考他人意见，而应用清洁能源的首要表现是建设清洁能源应用设施，因此在参照群体带来的社会影响下，农户投资建设清洁能源基础设施的意愿更强。

感知的行为控制在1%的显著性水平上正向显著，说明感知的行为控制对农户的投资意愿具有显著的正向影响。可能的解释为，感知的行为控制越强的农户对自己完成行为所带来的效果越有信心，在面对新事物时更倾向于尝试，相信自己能够通过投资建设清洁能源设施获得相应的益处，因此投资意愿会更强。

清洁能源知识对农户清洁能源投资意愿有显著的正向影响，在1%的统计水平上正向显著。这说明拥有清洁能源知识越多的农户投资意愿越强。可能的解释为，清洁能源知识获取越多，越会引发农户对于环境问题的深入思考，从而对清洁能源在环保方面的作用更有体会，农户自己的投资意愿更强。

行为便利在5%的显著性水平上负向显著，这说明，便利条件越好的农户，投资意愿越低。可能的解释为，拥有使用清洁能源相应条件的农户，自身经济状况和所在地区发展程度一般较好，生活用能便利性较好，因此对于清洁能源使用所带来的节约用能成本、便利等益处不敏感，同时建设清洁能源使用设施需要花费大量资金，在转用清洁能源过程中会形成更高的机会成本，造成农户对于清洁能源的投资意愿较低。

三、农户清洁能源购买意愿

从表4-2的估计结果可知，家中有60岁以上老人的家庭对农户清洁能源的购买意愿有显著的正向影响，在1%的统计水平上正向显著，说明有60岁以上老人的农户家庭更愿意购买清洁能源。可能的解释为，老年人对于健康的关注度较高，传统化石能源带来的环境污染对人体健康有一定的危害，因此为了获得心理补偿，老年人愿意多花费金钱购买清洁能源。

环境责任感对农户的清洁能源购买意愿有显著的正向影响。该变量在1%的统计水平上正向显著。这说明，农户的环境责任感越强，购买意愿越强。可能的解释为，具有环境责任感的农户，把保护环境作为一种责任，在这种观念影响下认为保护环境所付出的小部分金钱代价是值得的，因此在环境责任感的驱动下农户购买意愿越强。

从众心理在1%的显著性水平上正向显著，说明从众心理越强的农户购买意愿越强，从众心理越强的农户在做行为决策时主要参考他人的建议或行为，因此从众心理越强的农户购买意愿越强。

感知因素在1%的显著性水平上负向显著，说明感知越强的农户购买意愿越弱，可能的解释是，周围农户使用清洁能源不够满意，农户对清洁能源的直观印象是负面的，农户对清洁能源的负面感知越多，购买意愿就越弱。

感知的行为控制在10%的显著性水平上正向显著，说明感知的行为控制对农户的购买意愿具有显著的正向影响。可能的解释为，感知的行为控制越强的农户对于自己坚信的事情会坚定地付诸行动，因此购买意愿会更强。

清洁能源知识对农户清洁能源购买意愿都有显著的正向影响，在1%的统计水平上正向显著。这说明拥有清洁能源知识越多的农户购买意愿越强。可能的解释为，获取更多清洁能源知识的农户，对于清洁能源所带来的环境效益认识更加深刻，更容易形成环境价值观和环境责任感，从而驱使其选择使用清洁能源。

第五节 结论与启示

本书采用江西省 831 份农户调研数据，将农户清洁能源应用意愿分为三类：使用意愿、投资意愿、购买意愿，利用多元有序 Probit 模型，分别探讨了农户清洁能源使用意愿、投资意愿、购买意愿的影响因素。研究发现，农户这三种不同意愿的影响因素存在差别。研究表明：①婚姻状况、家中有 60 岁以上老人、环境价值观、环境责任感、感知的行为控制、清洁能源知识、经济激励对农户的清洁能源使用意愿有显著的正向影响。②家中有 60 岁以上老人、环境责任感、感知的行为控制、社会影响、清洁能源知识对农户清洁能源投资意愿有显著的正向影响，行为便利对农户的投资意愿有显著的负向影响。③家中有 60 岁以上老人、环境责任感、从众心理、感知的行为控制、清洁能源知识对农户清洁能源购买意愿有显著的正向影响，感知因素对农户清洁能源购买意愿有显著的负向影响。

基于以上研究结论，可以得到如下启示：①提高农户的使用意愿。可以通过定期组织农户观看环保题材的电影，引导农户形成环境价值观，以身边环境变化为示例，让农户切身体会环境问题所带来的各种害处，如影响身体健康等，同时进行清洁能源使用益处的宣传，让农户形成对清洁能源的认识。通过引导农户形成环境价值观，引发农户对环境问题的思考，从而自觉选择应用清洁能源，提高农户清洁能源使用意愿，进而影响其行为。②提高农户的人际促进意愿。可以通过引导村镇形成使用清洁能源的良好氛围，让村干部及思想觉悟较高的农户率先使用清洁能源，从而带动其他农户使用清洁能源。积极开展各类推广清洁能源应用的宣传活动，如组织参观已应用清洁能源的农户家庭，让农户形成对清洁能源应用益处的直观感受。③提高农户的投资意愿。可以通过组织村里老年人多进行各类活动，在活动中穿插宣传清洁能源能够节省开支、方便卫生等优点，扩大宣传效果。对老年群体进行宣传既能减少对青年人工作时间的浪费，又达到良好的宣传效果。开展对清洁能源知识的学习活动，组织成员定期学习环境知识、清洁能源知识等，提高农户认知水平。④提高农户的购买意愿。可以通过举办各类宣传活动，如对比清洁能源与传统化石能源的优势与劣势，直观剖析环境问题产生的根源，并指出传统化石能源带来的污染会对人体健康产生危害，提高农户的健康危机意识，让环境问题与农户自身利益挂钩，引导农户形成环境价值观和环境责任感。

第五章　农户清洁能源应用行为决策研究

第一节　引言

随着农村居民收入水平的提高，农村生活用能增长迅速。2015 年中国农村人均能源消费量达到 351 千克标准煤，较 2014 年增长 8%，高出全国生活用能消费总量增幅 2.5%（全国人均能源消费量为 365 千克标准煤，较 2014 年增长 5.5%）（《中国能源统计年鉴》（2016））。但农村家庭的能源消费结构仍然以煤炭、薪柴等非清洁能源为主（苗向荣，2017），太阳能、沼气、风能等清洁能源在能源消费结构中的比例偏低。因此，分析农村家庭应用清洁能源的影响因素，以及这些因素的作用机理，对于优化农户能源消费结构、促进农村可持续发展有重要意义。

国内有部分学者对居民清洁能源应用行为的影响因素进行了广泛研究，得出了许多有价值的研究结论。已有研究主要集中在分析哪些因素影响居民应用清洁能源，以及这些因素的影响方向。如 Lane、Potter（2007）研究得出，政府的环保法规、油价政策、购买补贴和基础设施建设对新能源汽车购买有显著影响。Anco（2014）研究表明，有限的行驶距离和较长的充电时间是消费者对新能源汽车仍然持有消极态度的主要原因，提升最大行驶距离、减少充电时间和提高充电便利程度有利于激发消费者购买意愿。Axsen（2013）发现，消费者的社会责任感、环保意识和支持国家发展的意愿越强，越倾向于选择新能源汽车。孙晓华、徐帅（2018）研究表明，价格是影响消费者选择新能源汽车的重要因素，尽管政府补贴能够在一定程度上激发其新能源汽车的购买意愿，但作用相对较弱；对于家庭年收入较低、更了解优惠政策和环保意识更强的消费群体，政府补贴的效果更为明显。王月辉、王青（2013）研究得出，购买态度、主观规范以及知觉行为控制是影响北京居民新能源汽车购买意向的关键因素；而感知有用性和感知易用性又对居民的购买态度有积极影响。许召建（2012）利用因子分析法萃取出关键变量，研究发现，新能源汽车性能、充电的便捷性、满电可行驶最大距离、电池寿命是影响消费者购买新能源汽车的主要因素。王颖等（2013）研究得出，消费者的感知风险、财务风险、身体风险、功能风险以及消费者涉入程度会对消费者新能源汽车购买意愿产生影响。彭新宇、高雷（2014）研究农村贫困地区农户沼气采纳决策的影响因素，发现实际获得沼气池建设补贴额、沼气有用性认知、沼气易用性认知等都会对农户采纳决策产生显著正向影响。但对各因素如何影响居民清洁能源应用行为进行深入分析的文献还很缺乏。为此，本章在已有相关研究成果的基础上，运用农户调研数据，采用结构方程模型从农户购买行为和使用行为两个维度，探究影响农户清洁能源应用行为的关键因素，研究这些影响因素的作用机理，为优化清洁能源政策提供决策参考。

第二节　研究假设

农户应用清洁能源行为是一种环境行为。已有环境行为的理论表明，个体的行为决策除受自身心理特征影响外，还受周围环境及其他个体行为的影响（Ajzen，1991），个体行为是个体态度变量和外部条件相互作用的结果（Guagnano 等，1995）。因此，农户清洁能源应用行为是心理因素（生态价值观、从众心理和感知等）和外部情境因素（政策、宣传教育和行为便利性等）共同作用的结果。课题组通过深度访谈农村居民发现，影响应用农户应用清洁能源的外部情境因素主要有政府经济激励政策、宣传教育、自愿活动、清洁能源产品属性和行为便利，影响农户应用清洁能源的心理因素主要是生态价值观、农户感知的有用性和易用性、从众心理。农户应用清洁能源行为是一种技术接受行为。技术接受模型认为，外部变量通过影响用户感知进而对用户接受信息系统产生影响。本章认为，外部情境因素（如政府政策）会通过影响农户心理因素，进而影响农户清洁能源应用行为。因此，可以将农户清洁能源应用行为视为一个“外部情境因素—内部心理因素—农户清洁能源应用行为”的过程。本章从情境因素和心理因素两个方面进行文献回顾，并提出研究假说。

一、情境因素

技术接受模型认为，外部变量通过影响用户的有用性和易用性感知，进而对用户接受信息系统产生影响。因此，外部情境因素（经济激励政策、宣传教育、自愿活动、清洁能源产品属性）会影响农户的有用性、易用性感知。由此，提出H1a ~ H4a。

H1a：经济激励政策对农户感知有显著正向影响。

H2a：宣传教育对农户感知有显著正向影响。

H3a：自愿活动对农户感知有显著正向影响。

H4a：清洁能源产品属性对农户感知有显著正向影响。

Guagnano 等（1995）提出的 ABC 理论认为，外部条件直接影响行为主体的成本意识、行为后果意识和行为产生。根据 ABC 理论，外部情境因素（经济激励政策、宣传教育、自愿活动、清洁能源产品属性和行为便利）会直接影响农户的行为后果意识。已有研究证实了外部情境因素（经济激励政策、宣传教育、自愿活动、清洁能源产品属性和行为便利）会影响公众的节能意识。如丁丽萍等（2015）研究得出，政府政策对公众的节能意识有显著影响。Steg 等（2008）认为，宣传教育会改变人们对环境问题的认知，促进居民节能。申嫦娥等（2016）研究表明，政府低碳宣传与示范对消费者低碳的认知和态度有直接的正向作用。由此，提出 H1b ~ H4b。

H1b：经济激励政策对农户生态价值观有显著正向影响。

H2b：宣传教育对农户生态价值观有显著正向影响。

H3b：自愿活动对农户生态价值观有显著正向影响。

H4b：清洁能源产品属性对农户生态价值观有显著正向影响。

根据 ABC 理论，外部情境因素（经济激励政策、宣传教育、自愿活动、清洁能源产品属性和行为便利）会直接影响农户清洁能源应用行为。一些研究也表

明，外部情境因素（经济激励政策、宣传教育、自愿活动、清洁能源产品属性和行为便利）会影响公众的节能意识和清洁能源应用行为。如 Muhammad - Sukki（2011）发现政府政策是推行居民住宅太阳能光伏发电的一个重要因素。张露、郭晴（2015）发现，宣传教育对中国消费者低碳农产品消费行为有显著影响。芈凌云（2010）研究发现，自愿参与型政策工具对居民低碳化能源消费行为有积极的促进作用。岳婷（2014）研究发现，节能产品属性对城市居民能效投资节能行为的影响程度较高。芈凌云等（2016）研究得出，能效产品经济性对居民能源消费低碳化行为有显著正向促进作用。De Yong 等（1990）认为，是否设置回收箱等设施、回收行为是否方便、是否耗时等外部条件显著影响居民垃圾回收行为。曲英、朱庆华（2010）研究得出，即使居民具备了很高的生活垃圾源头分类行为意向，但如果生活垃圾设施、服务等跟不上，居民的行为意向仍然不能转化为具体的行为。张瑞英等（2014）研究发现，"能源使用是否快捷、维护简单"对农户使用意愿有显著影响。由此，提出 H1c ~ H4c、H1d ~ H4d、H5a 和 H5b。

H1c：经济激励政策对农户清洁能源购买行为有显著正向影响。

H2c：宣传教育对农户清洁能源购买行为有显著正向影响。

H3c：自愿活动对农户清洁能源购买行为有显著正向影响。

H4c：清洁能源产品属性对农户清洁能源购买行为有显著正向影响。

H5a：行为便利性对农户清洁能源购买行为有显著正向影响。

H1d：经济激励政策对农户清洁能源使用行为有显著正向影响。

H2d：宣传教育对农户清洁能源使用行为有显著正向影响。

H3d：自愿活动对农户清洁能源使用行为有显著正向影响。

H4d：清洁能源产品属性对农户清洁能源使用行为有显著正向影响。

H5b：行为便利性对农户清洁能源使用行为有显著正向影响。

二、心理因素

根据价值—信念—规范理论，环境价值观会影响个体环境行为。不同类型的环境价值观对个体行为的作用方向不同。居民持有的环境价值观对其自身的环境行为有显著影响（Price 等，2014），生态价值观与环境行为正相关（Nordlund 和 Garvill，2002）。岳婷（2014）发现利他价值观、生态价值观对城市居民节能行为意愿有显著正向影响。由此，提出 H6a 和 H6b。

H6a：生态价值观对农户清洁能源购买行为有显著正向影响。

H6b：生态价值观对农户清洁能源使用行为有显著正向影响。

技术接受模型认为，用户的有用性和易用性感知对用户接受信息系统有影响。已有农户技术采纳的研究表明，感知有用性、感知易用性对农户采纳新技术有影响。如王琛、吴敬学（2016）研究得出，技术感知易用性对农户选择新技术意愿产生显著的正向影响。朱月季等（2015）研究表明，感知有用性、感知易用性对农户新技术采纳决策有正向促进作用。因此，根据技术接受模型，农户对清洁能源的感知因素会影响其应用行为（购买行为、使用行为）。基于此，提出 H7a 和 H7b。

H7a：农户感知因素对农户清洁能源购买行为有显著正向影响。

H7b：农户感知因素对农户清洁能源使用行为有显著的正向影响。

一些研究表明，从众心理会正向影响消费者的购买和使用行为。如汪兴东、杨蓉（2016）认为，参照群体对消费者的生态消费意愿有显著的正向影响。石洪景（2016）指出，从众心理对城市居民节能行为产生显著的正向作用。杨红娟、徐梦菲（2015）对中国少数民族农户的研究也发现，周围人的行为方式对农户生产投入有重要影响。因此，农户的从众心理越强，就越容易受到农户所在群体压力的影响，在周围一些农户应用清洁能源的情况下，该农户就越有可能应用清洁能源。由此，提出 H8a 和 H8b。

H8a：从众心理对农户清洁能源购买行为有显著正向影响。

H8b：从众心理对农户清洁能源使用行为有显著正向影响。

第三节　研究设计

一、样本和数据收集

本书的研究对象为江西省农户，考虑到江西省不同区域的经济社会发展水平存在差异，根据江西省2010年的农户人均纯收入，将江西省的所有县（市）分为四类，然后从每类中随机选取五个样本县进行问卷调查。由于调查问卷中含有清洁能源产品购买行为，因此，问卷调查对象是农户家中16周岁以上的农户。2016年1~5月，课题组采用入户调查的方式，对万安县、于都县和修水县等20个样本县的农户进行了实地调研，共得到问卷794份，其中有效问卷695份，有效率为87.5%。

为了保证抽到足够数量已经应用了清洁能源的农户，课题组在样本村以7∶3的比例随机抽取10户农户（7户应用了清洁能源的农户和3户没有应用清洁能源的农户）进行调查。如遇特殊情况，课题组分别设计了相应的抽样方法：一是样本村全村应用了清洁能源的农户不到7户，所有应用了清洁能源的农户都为调查的样本户；二是全村应用了清洁能源的农户仅为1~2户，总样本量从10户变为5户（包括应用了清洁能源农户及未应用清洁能源农户），应用了清洁能源的农户都为调查的样本户；应用了清洁能源的农户大于50户的村，同样以7∶3的比例抽取，但总样本量从10户提高到20户。

二、变量测量

为了确保量表的信度和效度，主要采用国内外较为成熟的量表作为测量工具，并结合中国农村情景以及研究目的，对量表的内容进行适当的修改。在正式调查前，通过与农户的访谈和小样本预试，对量表进行修正，最终形成正式的量表。在正式调查问卷中，所涉及的主要变量均采用李克特五级量表，要求农户根据自身实际情况进行评价。测量变量的描述性统计见表5-1。

表5-1 调查问卷各测量变量的描述性统计

因子	编号	测量变量	均值	标准差
购买行为	M1	购买或考虑购买热水器时，优先选择太阳能热水器	3.723	0.976
（GM）	M2	购买或考虑购买杀虫灯时，优先选择太阳能灯	3.411	1.002
使用行为	W1	申请了太阳能万家屋顶光伏发电示范工程	2.289	1.107
（SY）	W2	经常使用清洁能源（如沼气、太阳能）	3.030	1.209

续表

因子	编号	测量变量	均值	标准差
生态价值观（JZ）	Z1	自然界是脆弱并容易受到破坏的	4.045	0.885
	Z2	一个国家产生的污染会威胁到全世界的人	3.929	0.906
	Z3	环境污染对公共健康的影响远比我们意识到的更糟糕	3.896	0.937
感知因素（GZ）	G1	使用清洁能源有利于节约劳动力	3.816	0.734
	G2	使用清洁能源方便、卫生	3.922	0.754
	G3	学习使用清洁能源对我来说很容易	3.440	0.857
从众心理（CZ）	C1	在日常消费中，我喜欢与周围的大多数人保持一致	3.268	0.954
	C2	我常常会购买朋友、亲戚或邻居都买的产品	3.229	0.964
	C3	如果我周围的熟人都使用清洁能源，我也会使用	3.462	0.929
行为便利（BL）	B1	有使用清洁能源所要求的经济条件	3.328	0.976
	B2	使用清洁能源时可以得到必要的支持和帮助	3.188	1.107
	B3	有使用清洁能源所要求的技术条件	3.055	1.209
经济激励（JX）	J1	使用清洁能源是为了省钱	3.328	0.885
	J2	使用清洁能源的家电可以节省开支	3.702	0.906
	J3	使用清洁能源很划算	3.760	0.937
自愿活动（ZY）	Y1	若政府出资修建大中型沼气池，我愿意付费使用沼气	3.571	0.802
	Y2	若开展绿色能源示范县活动，我愿意尽一分力	3.764	0.825
	Y3	若政府供给清洁能源，我愿意购买清洁能源使用	3.760	0.995
宣传教育（XC）	X1	宣传让我了解到使用清洁能源方面知识和技能	3.121	1.057
	X2	好的宣传活动，会促使我购买使用清洁能源的产品	3.590	0.869
	X3	知道如何应用清洁能源，对于我使用清洁能源很重要	3.757	0.871
清洁能源产品属性（SX）	S1	使用清洁能源产品的质量和服务	3.188	0.999
	S2	使用清洁能源产品的技术水平	3.134	0.938
	S3	使用清洁能源产品的易获得性	3.168	0.994

农户清洁能源应用行为包括清洁能源购买行为和清洁能源使用行为两个维度。购买行为借鉴了 Chen 等（2007）、Minton 和 Rose（1997）所提出的量表；使用行为在参考 Linden 等（2003）的基础上，结合概念自行设计了两个题项。心理因素主要包括生态价值观、感知因素和从众心理。生态价值观参考 Stern（1999）、Dunlap 和 Van Liere（1999）的研究自行设计；感知因素和从众心理参

考了芈凌云（2010）的研究，结合农户的调研自行开发。情境因素主要包括经济激励政策、自愿活动、宣传教育、清洁能源产品属性和行为便利。其中，经济激励政策参考了 Stern（2000）的量表，根据我国农户实际情况设计了 3 个条目的量表；自愿活动参考杨洪刚对政策的分类，根据实地调研结果自行开发；宣传教育借鉴了芈凌云（2010）所提出的量表，结合清洁能源实际自行设计；清洁能源产品属性是根据岳婷（2014）的研究，设计了 3 个条目的量表；行为便利参考了曲英（2007）和孙岩（2006）的研究，再结合概念自行设计。

第四节　模型分析与假设检验

一、信度和效度检验

（一）信度检验

采用内部一致性信度系数（Cronbach's α 值）和复合信度测度模型中各潜变量的内部一致性。利用 SPSS19.0 软件进行信度分析，潜变量的信度检验结果如表 5-2所示。表 5-2 显示，各潜变量的 Cronbach's α 系数都高于 0.5，CR 值均高于 0.5，说明量表的内部一致性较好，本书所使用调查问卷的可信度较高。

表 5-2　收敛效度分析结果

潜变量名称	编号	α 值	CR 值	标准化因子载荷	AVE	KMO 值	Bartlett 球形度检验
购买行为（GM）	M1	0.725	0.880	0.886	0.785	0.500	270.088
	M2			0.886			
使用行为（SY）	W1	0.530	0.810	0.825	0.681	0.500	97.034
	W2			0.825			
生态价值观（JZ）	Z1	0.780	0.873	0.774	0.696	0.669	624.675
	Z2			0.880			
	Z3			0.845			

续表

潜变量名称	编号	α值	CR值	标准化因子载荷	AVE	KMO值	Bartlett球形度检验
感知因素（GZ）	G1	0.640	0.813	0.814	0.594	0.624	314.867
	G2			0.816			
	G3			0.673			
从众心理（CZ）	C1	0.752	0.858	0.828	0.668	0.679	501.315
	C2			0.847			
	C3			0.776			
行为便利（BL）	B1	0.695	0.831	0.740	0.622	0.647	374.824
	B2			0.785			
	B3			0.838			
经济激励（JX）	J1	0.750	0.861	0.818	0.675	0.631	575.880
	J2			0.889			
	J3			0.751			
自愿活动（ZY）	Y1	0.657	0.816	0.727	0.596	0.641	305.807
	Y2			0.818			
	Y3			0.769			
宣传教育（XC）	X1	0.581	0.788	0.642	0.5561	0.580	243.073
	X2			0.832			
	X3			0.751			
清洁能源产品属性（SX）	S1	0.781	0.874	0.805	0.698	0.686	609.397
	S2			0.873			
	S3			0.827			

（二）效度检验

借助SPSS19.0和AMOS20.0软件，采用因子载荷、平均方差抽取量（AVE）和组合信度（CR）检验收敛效度，检验结果如表5-3所示。由表5-3可知，各潜变量对应分量表的KMO统计值均在0.5以上，检验结果的显著性水平均小于0.001，这意味着研究量表适合进行因子分析。各变量的标准化因子载荷值建议值标准是应该大于0.5，AVE值大于0.5和组合信度（CR）值在0.6以上，本书各变量的标准化因子载荷值均大于0.6，各因子（潜变量）的平均抽取方差（AVE）都大于0.59，这表明各潜变量均有较好的收敛效度；各因子（潜变量）的组合信度

（CR）值均在0.78以上，说明测量模型的构念信度良好，模型内在质量理想。因此，从整体上看，模型各变量均具有较好的收敛效度，各潜在变量的信度较好。

采用AVE值来检验区别效度，若各变量AVE值的平方根均大于它与其他变量间相关系数的绝对值，则认为变量间具有良好的区别效度。区别效度分析结果如表5－3所示。表5－3中各潜变量的AVE平方根均明显高于其与其他变量相关系数的绝对值，这意味着模型变量间具有较好的区别效度。

表5－3 区别效度检验结果

潜变量	GM	SY	JZ	GZ	CZ	BL	JX	ZY	XC	SX
GM	0.886									
SY	0.314	0.825								
JZ	0.354	0.162	0.823							
GZ	0.442	0.432	0.466	0.771						
CZ	0.219	0.406	0.127	0.293	0.818					
BL	0.375	0.657	0.173	0.495	0.397	0.789				
JX	0.395	0.085	0.254	0.339	0.314	0.169	0.821			
ZY	0.247	0.268	0.465	0.462	0.179	0.355	0.233	0.772		
XC	0.383	0.482	0.422	0.533	0.371	0.620	0.307	0.582	0.746	
SX	0.224	0.431	0.164	0.328	0.192	0.486	0.039	0.203	0.486	0.835

二、模型拟合与假设检验

（一）模型适配度检验

采用江西省农户的调研数据测算农户清洁能源应用行为影响因素模型的拟合度，估计结果见表5－4。由表5－4可知，模型的RMSEA为0.036，卡方自由度比（CMIN/DF）为1.876，明显小于3，表明模型与实际样本数据适配程度较好。模型中GFI值为0.948，NFI值为0.908，IFI值、TFI值、CFI值均大于0.9，均达到良好水平，这说明拟合效果理想，模型无须修正，初始的理论模型即可作为最终接受的模型。

表 5－4　模型适配度检验结果

统计检验指标	模型	判断标准
CMIN/DF	1.876	<3
GFI	0.948	>0.9
NFI	0.908	>0.9
IFI	0.955	>0.9
TLI	0.940	>0.9
CFI	0.954	>0.9
RMSEA	0.036	<0.08（合理），<0.05（很好）

（二）结构方程模型估计结果

使用 AMOS20.0 软件对农户清洁能源初次应用行为（购买行为和使用行为）影响因素模型进行结构方程模型分析，得出生态价值观、感知因素、从众心理、行为便利、经济激励政策、自愿活动、宣传教育、清洁能源产品属性等因素影响农户清洁能源应用行为的路径图，模型结果见表 5－5 和图 5－1（模型中不显著的路径已经删掉）。

表 5－5　结构方程模型估计结果

假设	标准化系数	CR	P	结论
H1a：经济激励政策→感知因素	0.196	3.963	***	成立
H1b：经济激励政策→生态价值观	0.112	2.45	**	成立
H1c：经济激励政策→农户购买行为	0.266	4.977	***	成立
H2a：宣传教育→感知因素	0.203	2.334	**	成立
H3a：自愿活动→感知因素	0.290	3.945	***	成立
H3b：自愿活动→生态价值观	0.419	5.548	***	成立
H4a：清洁能源产品属性→感知因素	0.156	2.600	***	成立
H5a：行为便利→农户购买行为	0.180	2.731	**	成立
H5b：行为便利→农户使用行为	0.471	5.348	***	成立
H6a：生态价值观→农户购买行为	0.229	4.033	***	成立
H7a：感知因素→农户购买行为	0.254	3.758	***	成立
H7b：感知因素→农户使用行为	0.239	3.03	**	成立
H8b：从众心理→农户使用行为	0.137	2.215	*	成立

注：本表仅报告了结果显著的路径；***、**、* 分别表示在 0.001、0.01、0.05 水平下显著。

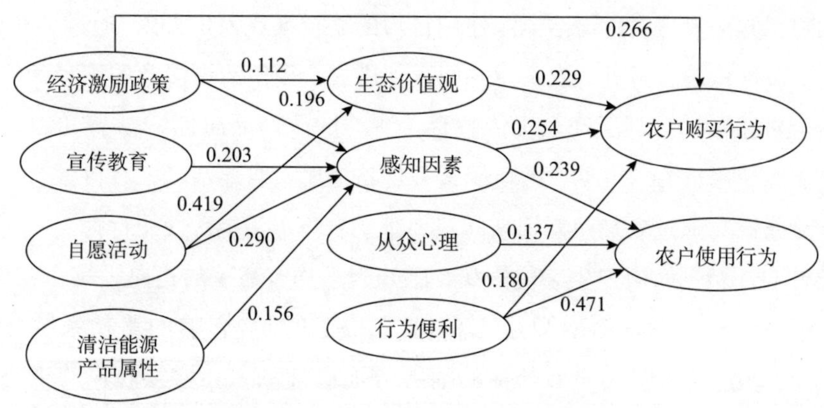

图5－1　模型路径及估计参数结果

由表5－5和图5－1可以得到如下结论：

（1）经济激励政策是影响农户清洁能源购买行为的重要因素。由表5－5可知：①经济激励政策与农户清洁能源购买行为的路径系数为0.266，P值小于0.001，两者关系显著，说明经济激励政策对农户清洁能源购买行为有直接正向影响。②经济激励政策与农户感知因素的路径系数为0.196，P值小于0.001；农户感知因素与农户清洁能源购买行为的路径系数为0.254，P值小于0.001，两者关系显著，这意味着经济激励政策通过农户感知因素间接地正向影响农户清洁能源购买行为。③经济激励政策与农户生态价值观的路径系数为0.112，P值小于0.01；农户生态价值观与农户清洁能源购买行为的路径系数为0.229，P值小于0.001，两者关系显著。这表明，经济激励政策可以通过农户生态价值观间接对农户清洁能源购买行为产生正向影响。因此，经济激励政策促进农户清洁能源购买行为的三条路径分别为：经济激励→农户清洁能源购买行为；经济激励→感知因素→农户清洁能源购买行为；经济激励→农户生态价值观→农户清洁能源购买行为。可见，经济激励政策不仅可以直接影响农户清洁能源购买行为，也可以通过农户感知因素、生态价值观间接地影响农户清洁能源购买行为。

（2）农户感知因素在情境因素（经济激励、自愿活动、宣传教育、清洁能源产品属性）与农户清洁能源使用行为之间起到完全中介效应。从表5－5可以看出，一方面，在0.01显著水平下，情境因素（经济激励、自愿活动、宣传教育、清洁能源产品属性）各变量与农户感知因素的路径系数均显著为正；另一方面，农户感知因素与农户清洁能源使用行为的路径系数为0.239，通过了0.01水平上的显著性检验。可见，农户感知因素促进农户使用清洁能源的路径为：情境因素（经济激励、自愿活动、宣传教育、清洁能源产品属性）→感知因素→农户清洁能源使用行为。可见，情境因素（经济激励、自愿活动、宣传教育、清洁能源产品属性）通过农户感知因素间接地影响农户清洁能源使用行为。

（3）自愿活动对农户生态价值观、感知因素均有显著的正向影响。在0.001显著水平下，自愿活动对农户生态价值观、感知因素影响的路径系数分别为0.419、0.290。这表明农户参与清洁能源方面的活动，会增强农户的生态价值观，提升农户感知的有用性、易用性。因此，为了促进农户应用清洁能源，一方面，需要通过开展一些农户能够参与的环保活动，使其树立生态价值观；另一方面，通过图片和影像让农民了解一些应用清洁能源好的示范村和示范户，以提升农户应用清洁能源的易用性和有用性感知。

（4）农户生态价值观在自愿活动与农户清洁能源购买行为之间起到完全中介效应。由表5－5可知，在0.001显著水平下，自愿活动与农户生态价值观的路径系数均显著为正。与此同时，农户生态价值观与农户清洁能源购买行为的路径系数为0.229，并通过了0.001水平上的显著性检验。这意味着增强农户的生态价值观有助于农户购买清洁能源的产品。

（5）行为便利对农户清洁能源应用（购买和使用）行为有显著正向影响。行为便利对农户清洁能源购买行为影响的路径系数为0.180，并且在0.01的置信度下显著；行为便利对农户清洁能源使用行为有显著的正向影响，其路径系数为0.471。这表明农户使用清洁能源的行为越便利，越有助于农户购买和使用清洁能源的产品。

（6）从众心理对农户清洁能源使用行为有显著正向影响。从众心理对农户清洁能源使用行为的路径系数在0.05水平下显著为正，说明农户所在区域使用清洁能源农户的数量越多，农户越有可能使用清洁能源。这与杨红娟、徐梦菲（2015）的研究结论一致，证实了农户具有从众心理。原因在于：农户清洁能源使用行为容易受到身边村民的影响，周边农户的环境行为会对农户产生一些规范压力，为了避免行为差异性产生的心理压力，农户不得不采取与群体类似的行为方式。因此，有必要积极鼓励村党员、村干部或环保意识强的农户率先使用清洁

能源，通过舆论压力和示范效应，促使更多农户使用清洁能源。

为了进一步探讨结构模型中各潜变量之间的直接效应、间接效应和总效应，本书将计算结果汇总于表5-6。由表5-6可知，对农户清洁能源使用行为影响最大的变量是农户的行为便利（0.471），次之是感知因素（0.239），然后是从众心理（0.137）；而对农户清洁能源购买行为影响最大的变量是经济激励政策（0.341），随后是感知因素（0.254）、环境价值观（0.229）和行为便利（0.180）。对农户感知影响最大的变量是自愿活动（0.290）；自愿活动对农户环境价值观的影响（0.419）远高于经济激励政策对农户环境价值观的影响（0.112）。经济激励政策对农户清洁能源购买行为的直接效应（0.266）大于经济激励政策通过感知因素和环境价值观来影响农户清洁能源购买行为的间接效应（0.075）。因此，相对于经济激励政策，农户自愿活动对提高农户环境价值观更有效。要促进农户购买应用清洁能源的产品，最重要的是经济激励政策；而要激发农户使用清洁能源，最重要的是提高应用清洁能源的便利性。

表5-6　潜变量之间直接效应、间接效应和总效应

假设	直接效应	间接效应	总效应
H1b：经济激励→环境价值观	0.112	0	0.112
H1a：经济激励→感知因素	0.196	0	0.196
H3b：自愿活动→环境价值观	0.419	0	0.419
H3a：自愿活动→感知因素	0.290	0	0.290
H3a：宣传教育→感知因素	0.203		0.203
H4a：清洁能源属性→感知因素	0.156		0.156
H7b：感知因素→农户使用行为	0.239		0.239
H8b：从众心理→农户使用行为	0.137		0.137
H5b：行为便利→农户使用行为	0.471		0.471
H1c：经济激励→农户购买行为	0.266	0.075	0.341
H7a：感知因素→农户购买行为	0.254		0.254
H6a：环境价值观→农户购买行为	0.229		0.229
H5a：行为便利→农户购买行为	0.180		0.180

注：根据表5-5的估计结果，经济激励的间接效应 $=0.112\times0.229+0.196\times0.254=0.075$；总效应[a] = 直接效应 + 间接效应。

第五节　结论及启示

本书采用江西省农户的调查数据，运用结构方程模型分析了农户清洁能源应用行为（购买行为和使用行为）的影响因素，结果表明：①经济激励政策、自愿活动、宣传教育、清洁能源产品属性通过影响农户感知，进而对农户清洁能源使用行为产生正向影响，从众心理、行为便利直接正向影响农户清洁能源使用行为。②环境价值观和感知因素在经济激励政策与农户清洁能源购买行为之间起部分中介效应，行为便利对农户清洁能源购买行为有直接正向影响。③相对于经济激励政策，农户自愿活动对提高农户环境价值观更有效。在影响农户感知的四个情境因素（经济激励、自愿活动、宣传教育、清洁能源产品属性）中，自愿活动对农户感知的正向影响程度最大。④对农户清洁能源购买行为正向影响程度最大的是经济激励政策，次之是感知因素；对清洁能源使用行为正向影响程度最大的是行为便利，次之是感知因素。

本书的研究结论对推进农户应用清洁能源有积极的参考价值。基于上述分析，提出以下政策建议：①政府要扩大清洁能源产品补贴的范围，加大农户购买清洁能源产品的补贴力度，降低农户购买清洁能源产品的成本。②政府部门应借助电视、广播和橱窗等媒介，使农户了解清洁能源方面的知识，知晓应用清洁能源对保护生态环境的作用，通过宣传教育来提升农户的环境责任感，增强农户的生态环境价值观。③政府一方面要完善清洁能源应用服务体系，为农户提供应用清洁能源的便利条件，提升农户应用清洁能源的易用性感知；另一方面，政府要进一步做好清洁能源示范村工作，充分发挥示范村对周围村庄的辐射效应，让农户感受到应用清洁能源在减少能源支出和保护环境方面的积极作用，增强农户应用清洁能源有用性感知。④引导基层村干部、党员或环保意识强的农户率先应用清洁能源，通过舆论压力形成应用清洁能源的良好风气，在从众心理的引导下，促使更多的农户应用清洁能源。

第六章　农户清洁能源应用意愿与应用行为的一致性研究

第一节　引言

大力推进农户应用沼气、太阳能、风能等清洁能源是减少大气污染的一个有效途径。如何有效推进农户应用清洁能源引起了我国政府和学术界的广泛关注，一部分学者对此进行了深入研究，并取得了一些有学术价值的研究成果。在这些研究成果中，农户清洁能源应用意愿（沼气池修建意愿、太阳能利用意愿）、应用行为（沼气使用效率、太阳能热水器购买）被普遍提及，但已有研究却忽视了农户清洁能源应用意愿与应用行为之间的关系。课题组在农村的实地调研发现，许多农户都表达了有清洁能源应用意愿，但是他们并未应用清洁能源，即农户清洁能源应用意愿与应用行为不一致。因此，研究影响农户清洁能源应用意愿与应用行为不一致的主要因素，以及这些因素的作用机理，对于完善清洁能源推进政策、有效促进农户清洁能源应用意愿转变为应用行为有重要的现实意义。

农户清洁能源应用行为是一种环境行为，已有研究表明，居民的环境意愿与环境行为之间存在缺口（Valkila 和 Saari，2013；刘文兴等，2017；杨冉冉，2016）。一些研究表明，消费者亲环境行为中“态度—行为”缺口主要受到社会规范、社会风气、基础配套设施、经济成本、政策法规制度以及习惯的影响（Moraes 等，2012；Ajzen，2001；Peach 等，2005；陈凯、赵占波，2015）。王建明（2013）通过扎根理论得出，社会规范（政府表率因素、社会风气因素、群体压力因素和面子文化因素）对个体资源节约行为的意识和行为起到调节作用。岳婷（2014）发现，节能社会规范对节能意愿到习惯、调整节能行为和品质、阈限节能行为的路径调节作用显著。芈凌云（2010）研究得出，社会规范对居民的低碳行为意愿与居民低碳化能源消费行为有显著的正向调节作用。

已有环境意愿与环境行为缺口的相关研究，主要以居民为研究对象，从家庭层面开展的研究较少。农村家庭（农户）在收入水平、生活习惯、生活方式等方面与城市家庭存在较大差异。因此，有必要识别影响农户环境意愿与环境行为一致性的因素，探明影响因素的作用机制。为此，在已有研究基础上，基于江西省的农户调查数据，运用二元 Probit 模型识别农户清洁能源应用意愿与行为一致性的影响因素，旨在为促进农户将清洁能源应用意愿转化为应用行为、推进农村清洁能源发展提供参考与借鉴。

第二节　研究假说

个体态度是由认知、情感和行为组成（Breck，1984），态度中的行为成分是指个体以某种方式对某人或某事做出行动的意向。认知失调理论认为，一般情况下，个体对于事物的态度以及态度和行为间是相互协调的；当出现不一致时，就会产生认知不和谐的状态，即认知失调，并会导致心理紧张。个体为解除紧张会使用改变认知、增加新的认知、改变行为等方法来力图重新恢复平衡（Festinger，1957）。已有研究证实了认知失调确实存在，尤其存在于环境态度和环境行为之间，导致个体态度和行为不一致的原因可能在于一些外部因素，如出行距离、公共交通的完善程度、出行便捷程度等（Sottile 等，2015）。个体态度与行为间的一致性只能在完全由意志控制的条件下得以实现（Ölander 和 Thøgersen，1995）。Wallace 等（2005）研究发现，当个体面对较强的社会压力和行为控制难度的感知时，态度和行为之间的相关系数是 0.40；如果个体感知的行为控制难度与社会压力减小一个标准差，则个体态度与行为之间的相关系数降低到0.30。

计划行为理论认为，个体的特定行为意向直接决定完全由个人意志控制的行为；而非个人意志完全控制的行为不仅受行为意向的影响，还受执行行为的个人能力、机会以及资源等实际控制条件的制约，在实际控制条件充分的情况下，行为意向直接决定行为（Ajzen，1985）。农户清洁能源应用行为是一种环境行为，负责任的环境行为模型认为，环境问题知识、行动技能、行为策略知识和个体的个性变量，通过行为意愿这一中介变量影响环境行为，个体行为意愿不一定能转化为行为，因为个体人口统计因素、行为实施环境、社会环保压力等外部情境变量也是促使环境行为实施的重要外因（Hines，1986）。在人口统计因素方面，已有研究表明，已婚居民直接、间接日常节能行为以及能效投资行为意向都显著高于未婚居民；中等收入水平人群的节能行为水平显著高于高收入人群；家中有12岁以下儿童居民的直接、间接日常节能行为水平和能效投资意向水平都显著高于家中没有儿童的居民；家中有60岁以上老人居民的间接日常节能水平显著高于家中没有老人的居民（杨树，2015）。农户应用清洁能源是一种环境行为，因此，笔者认为，人口统计特征中的婚姻状况、家庭年收入、家庭结构（家中是否有12岁以下儿童、家中是否有60岁以上老人）会影响农户清洁能源应用意愿与行为一致性。

在情境因素和心理因素方面，芈凌云（2010）研究发现，经济成本、技术成熟度、社会规范、宣传教育和政策法规在低碳行为意愿与低碳化能源消费行为之间起调节作用。岳婷（2014）研究得出，社会规范、信息干预力度和效度、政策执行力度在节能行为意愿与习惯调整节能行为之间起调节作用。杨冉冉（2016）研究表明，经济偏好、便利偏好、制度技术情境和社会参照规范对居民绿色出行行为意愿作用于绿色出行行为的路径关系中起显著调节作用。因此，农户应用清洁能源不仅会受经济成本因素的制约，而且还受社会规范、宣传教育、行为便利、政府政策等因素的影响。为此，笔者认为，情境因素（宣传教育、社会规范和行为便利）、心理因素（知觉行为控制和感知的政策力度）会影响农户清洁能源应用意愿与行为一致性。

第三节 模型构建、数据来源与变量选择

一、模型构建

借鉴现有居民环境行为的研究文献，根据农户问卷调查所获得的信息，农户清洁能源应用意愿与行为的一致性受个体特征（婚姻状况）、家庭特征（家庭年收入和家庭结构）、心理因素（知觉行为控制和感知的政策力度）、情境因素（宣传教育、社会规范和行为便利）四类因素八个变量的影响。为此，构建如下农户清洁能源应用意愿与行为的一致性影响因素函数：

Y（农户清洁能源应用意愿与行为的一致性）$=F$（个体特征、家庭特征、心理因素、情境因素）$+$随机干扰项

由于因变量（Y）是农户清洁能源应用意愿与行为的一致性，结果有两种情况："不一致"和"一致"，当农户清洁能源应用意愿与行为不一致性时，$Y=0$；当农户清洁能源应用意愿与行为一致性时，$Y=1$，因而，这是一个二元选择问题。因此，采用二元 Probit 模型识别农户清洁能源应用意愿与行为一致性的影响因素。

Probit 模型是一种离散的选择模型，其使用限制就是需要效用的不可观测部分必须服从正态分布，Probit 模型中随机误差项服从标准正态分布：

$$F(t)=\frac{1}{1+e^{-t}} \tag{6-1}$$

$$f(t)=\frac{e^{-t}}{(1+e^{-t})^{2}} \tag{6-2}$$

Probit 模型可以表述如下：

$$Y^{*}=\alpha+\beta x+\mu$$

$$Y=\begin{cases}1，当\ Y^{*}>0\ 时\\0，当\ Y^{*}<0\ 时\end{cases} \tag{6-3}$$

式（6-3）中，μ 为随机扰动项，服从标准正态分布。影响农户清洁能源应用意愿与行为一致性的二元离散选择模型可表示为：

$$prob\ (Y=1 \mid X) = prob\ (Y^* > 0 \mid X) = prob\ \{[\mu > -(\alpha + \beta X)] \mid X\}$$
$$= 1 - \phi[-\alpha + \beta x] = \phi(\alpha + \beta x) \qquad (6-4)$$

式（6-4）中，ϕ 表示标准正态分布的累积分布函数，Y^* 是不可观测的潜在变量，Y 是实际观测到的被解释变量，表示农户清洁能源应用意愿与行为的一致性。X 为解释变量向量，表示影响农户清洁能源应用意愿与行为一致性的因素。

本文构建影响农户清洁能源应用意愿与行为一致性的 Probit 模型为：

$$prob\ (Y=1 \mid X_i) = \phi(\alpha_0 + \alpha_1 x_1 + \alpha_2 x_2 + \cdots + \alpha_9 x_9) + \varepsilon \qquad (6-5)$$

式（6-5）中，i 表示第 i 个农户；$P\ (Y=1 \mid X_i)$ 表示在给定 X 的情况下，农户清洁能源应用意愿与行为一致性（即 $Y=1$）的概率；X_i 为解释变量向量，表示影响农户清洁能源应用意愿与行为一致性的因素，这里指婚姻状况、家庭年收入、家中有 12 岁以下儿童、家中有 60 岁以上老人、农户感知的清洁能源支持政策力度、知觉行为控制、宣传教育、社会规范和行为便利。

二、数据来源及样本基本情况

（一）数据来源

课题组根据江西省 2010 年的农村居民人均纯收入（元），先将江西省的所有县（市）分为四类。然后，从每类中随机选取五个样本县，再从每个样本县中随机选取 4 个样本村。最后，在每个样本村根据农户应用清洁能源情况，按照 7∶3的比例随机抽取 10 户农户（7 户应用了清洁能源和 3 户没有应用清洁能源）开展调查。2016 年 1～6 月，课题组对江西省 20 个样本县（区）的 100 个样本村的农户进行实地调查，共发放问卷 950 份，收回 794 份，剔除了数据缺失的问卷后，得到有效问卷为 695 份，问卷有效率为 87.5%。

（二）样本特征

受访者特征如下：①从婚姻状况来看，已婚被访者占总样本的比重为 79.28%，未婚只占 20.72%。②从家中是否有 12 岁以下儿童来看，家中有 12 岁以下儿童的占 46.47%。③从家中是否有 60 岁以上老人来看，家中有 60 岁以上老人的占59.14%。④从家庭年收入来看，家庭年收入在1万元及以下农户占总样本的比重仅为6.76%，家庭年收入在1万～3万元农户占总样本的比例为29.93%，家庭年收入在3万～5万元农户占总样本的比例为30.5%，家庭年收入在5万～10万元农户占总样本的比例为21.44%，家庭年收入在10万元以上的农户占总样本的比重为11.37%。可见，受访对象主要是以已婚、家庭年收入在3万～5万元、家中有60岁以上老人的农户为主。因此，受访农户具有一定的代表性，符合本研究的需要。

三、变量选择

本书采用两种类型变量：潜变量和显变量。潜变量（知觉行为控制、宣传教育、社会规范和行为便利）通过因子分析方法得到；显变量可以直接取值，包括受访者个体特征、家庭特征和政府政策力度。

（一）潜变量测量

潜变量的测量主要采用国内外较为成熟的量表作为测量工具，并结合中国农户的实际情况与本章的研究目的，对量表的内容进行适当的修改。在农户的调查问卷中，潜变量均采用李克特五级量表，要求农户根据自身实际情况进行评价。

本书的潜变量有：知觉行为控制（Z）、宣传教育（X）、社会规范（S）、行为便利（B）。知觉行为控制的测量参考了Sherer等（1982）和岳婷（2014）的研究，设计了三个条目。宣传教育的测量参考芈凌云（2010）的研究并进行修订，设计了三个条目。社会规范的测量参考Ajzen（1991）的研究，设计了三个条目。行为便利的测量参考曲英（2007）和孙岩（2006）的研究，结合概念设计了三个条目。

采用Stata12.0软件对知觉行为控制、宣传教育、社会规范和行为便利进行验证性因子分析。各潜变量（知觉行为控制、宣传教育、社会规范和行为便利）的因子分析检验结果见表6-1。由表6-1可知，各潜变量的KMO值均大于0.50，检验结果的显著性水平均小于0.001，说明各潜变量的样本数据适合做因子分析。在分别对各潜变量的测量题项进行主成分抽取和正交旋转后，结果显示，这四个潜变量都可以提取一个因子。

表6-1　调查问卷各测量变量的描述性统计

因子	编号	测量变量	KMO值	Bartlett球形度检验
知觉行为控制（Z）	Z1	如果我尽力去做一件事，总是能够达到目标	0.677	479.387
	Z2	在遇到麻烦的时候，我能很快想到解决的办法		
	Z3	我能应付任何出乎意料的事情		
宣传教育（X）	X1	好的宣传活动，会促使我购买、使用清洁能源产品	0.580	243.073
	X2	媒体和村的宣传让我学会了很多使用清洁能源的知识和技能		
	X3	知道如何应用清洁能源，对于我使用清洁能源很重要		
社会规范（S）	S1	我和周围的人大都认为应该在生活和生产中使用清洁能源	0.621	320.517
	S2	使用清洁能源的行为应得到周围人的赞赏		
	S3	参加使用清洁能源的宣传活动是件光荣的事		
行为便利（B）	B1	有使用清洁能源所要求的经济条件	0.647	374.824
	B2	使用清洁能源时我可以得到必要的支持和帮助		
	B3	有使用清洁能源所要求的技术条件		

（二）显变量测量

根据已有文献，笔者选择的显变量有农户感知的政策力度和人口统计特征（婚姻状况、家庭年收入、家中是否有12岁以下儿童、家中是否有60岁以上老人）。借鉴杨树（2015）的做法，本书采用农户感知的清洁能源支持政策力度（很小=1，比较小=2，一般=3，比较大=4，很大=5）来测量农户感知的政策力度。人口统计特征变量具体说明如下：受访者婚姻状况（已婚=1，未婚=0）、家庭年收入（1万元以下=1，1万~3万元=2，3万~5万元=3，5万~10万元=4，10万元以上=5）、家中是否有12岁以下儿童（是=1，否=0）、家中是否有60岁以上老人（是=1，否=0）。

（三）变量描述

根据上述理论分析，本书在构建农户清洁能源应用自述偏好与现实选择一致性的影响因素计量模型时，选择了四个方面8个变量。各变量说明与描述性统计特征见表6-2。

表6－2 变量的含义及描述性统计特征

变量名称		变量含义与赋值	均值	标准差
个体特征	婚姻状况	已婚=1，未婚=0	0.793	0.406
家庭特征	家中是否有12岁以下儿童	是=1，否=0	0.465	0.499
	家中是否有60岁以上老人	是=1，否=0	0.591	0.492
	家庭年收入（2015年的家庭年收入）	1万元以下=1，1万～3万元=2，3万～5万元=3，5万～10万元=4，10万元以上=5	3.007	1.114
心理因素	知觉行为控制	采用因子分析方法得到	—	—
	感知的政策力度	采用因子分析方法得到	—	—
情境因素	宣传教育	采用因子分析方法得到	—	—
	社会规范	采用因子分析方法得到	—	—
	行为便利	采用因子分析方法得到	—	—

第四节 实证研究与讨论

一、农户应用清洁能源自述偏好与现实选择一致性的影响因素分析

（一）农户应用清洁能源自述偏好与现实选择一致性统计分析

在695个农户中，有409个农户的清洁能源应用意愿与应用行为是一致的，占全部农户的60.15%，有271个农户的清洁能源应用意愿与应用行为不一致，占39.85%。这表明尽管有60%多的农户的应用意愿与应用行为是一致的，但还有相当一部分农户清洁能源应用意愿与应用行为存在一定矛盾。

由表6－3可知，从家庭年收入来看，在3万～5万元的农户意愿与实际行为一致的比例最高，为30.29%；在1万元以下的农户意愿与实际行为一致的比例最低，为4.57%。从婚姻状况来看，已婚农户意愿与实际行为一致的比例最高，达到81.49%。从家庭结构来看，家中没有12岁以下儿童的农户意愿与实际行为

一致的比例略高于家中有 12 岁以下儿童的农户，大约高出 0.96%；家中有 60 岁以上老人的农户，意愿与实际行为一致的比例为 63.46%，比家中没有 60 岁以上老人的农户高出 26.92%。

表 6-3　农户清洁能源应用意愿与行为选择一致性统计描述结果

变量	特征	意愿与实际行为不一致		意愿与实际行为一致	
		人数（人）	比例（%）	人数（人）	比例（%）
家庭年收入	1 万元以下	28	10.04	19	4.57
	1 万～3 万元	88	31.54	120	28.85
	3 万－5 万元	86	30.82	126	30.29
	5 万～10 万元	54	19.35	95	22.84
	10 万元以上	23	8.24	56	13.46
婚姻状况	未婚	67	24.01	77	18.51
	已婚	212	75.99	339	81.49
家中有 12 岁以下儿童	是	117	41.94	206	49.52
	否	162	58.06	210	50.48
家中有 60 岁以上老人	是	147	52.69	264	63.46
	否	132	47.31	152	36.54

（二）农户清洁能源应用意愿与行为选择一致性的影响因素：相关性分析

为了探讨各影响因素和清洁能源应用意愿与行为选择一致性之间的关系，本书计算了各影响因素和应用意愿与行为选择一致性之间的 Pearson 相关系数，由表6-4可知，家庭年收入、婚姻状况、家中是否有 12 岁以下儿童、家中是否有 60 岁以上老人、感知的支持政策力度、社会规范、宣传教育、知觉行为控制、行为便利都在 0.1 的显著性水平上和清洁能源应用意愿与行为选择一致性之间显著正向相关。

表 6-4　影响农户清洁能源应用意愿与行为选择一致性的因素：相关性分析结果

	Y	X_1	X_2	X_3	X_4	X_5	X_6	X_7	X_8	X_9
Y	1	—	—	—	—	—	—	—	—	—
X_1	0.121*	1	—	—	—	—	—	—	—	—
X_2	0.067*	0.038	1	—	—	—	—	—	—	—
X_3	0.075*	0.010	0.213*	1	—	—	—	—	—	—
X_4	0.107*	-0.047	0.023	0.106*	1	—	—	—	—	—
X_5	0.127*	0.066*	-0.089*	0.041	-0.026	1	—	—	—	—
X_6	0.210*	0.049	-0.048	0.050	0.029	0.199*	1	—	—	—
X_7	0.107*	-0.025	-0.032	0.045	0.023	0.204*	0.519*	1	—	—
X_8	0.079*	0.137*	-0.071*	0.088*	0.015	0.095*	0.271*	0.236*	1	—
X_9	0.101*	0.142*	-0.028	0.039	-0.041	0.199*	0.367*	0.424*	0.232*	1

注：Y 表示意愿与实际行为的一致性，X_1 表示家庭年收入，X_2 表示婚姻状况，X_3 表示家中有 12 岁以下儿童，X_4 表示家中有 60 岁以上老人，X_5 表示感知的支持政策力度，X_6 表示社会规范，X_7 表示宣传教育，X_8 表示知觉行为控制，X_9 表示行为便利；* 表示在 0.1 的显著性水平下显著。

（三）农户清洁能源应用意愿与行为选择一致性的影响因素：二元 Probit 回归分析

考虑到上述相关性分析仅检验了单个自变量与因变量之间是否存在显著的相关关系及其作用方向。由于影响农户清洁能源应用意愿与应用行为一致性的因素之间可能存在相互作用，因此，有必要建立经济计量模型进一步探讨这些因素对农户清洁能源应用意愿与应用行为一致性影响程度及显著性水平。

首先，利用 Stata12.0 软件对模型进行方差膨胀因子检验，结果表明，模型各自变量的 VIF 值都小于 2，说明自变量间不存在明显的多重共线性问题。

其次，运用二元 Probit 模型分析农户清洁能源应用意愿与应用行为一致性的影响因素，表 6-5 列示了二元 Probit 模型的估计结果。作为对比，表 6-5 同时提供了二元 Logit 模型的估计结果。比较二元 Probit 模型和二元 Logit 模型的回归结果可知，两者的 McFadden R2 系数相差不大，并且两个模型都具有较好的解释力。表 6-6 是利用表 6-5 二元 Probit 的估计结果计算的各自变量对农户清洁能源应用意愿与行为一致性的概率；X 为解释变量向量，表示各因素对农户清洁能源应用意愿与行为一致性的边际概率影响（边际效应）。

表6-5 农户清洁能源应用意愿与行为一致性影响因素的估计结果

影响因素	自变量	二元 Probit		二元 Logit	
		系数	标准误	系数	标准误
人口统计特征	家庭年收入	0.126***	0.046	0.207***	0.075
	婚姻状况	0.247**	0.126	0.400*	0.206
	家中有12岁以下儿童	0.085	0.103	0.132	0.170
	家中有60岁以上老人	0.278***	0.102	0.455***	0.166
心理因素	感知的支持政策力度	0.138**	0.055	0.221**	0.089
	知觉行为控制	0.01	0.053	0.017	0.087
情景因素	宣传教育	-0.016	0.061	-0.025	0.101
	社会规范	0.255***	0.06	0.415***	0.098
	行为便利	0.01	0.057	0.015	0.094

注：***、**、* 分别表示0.01、0.05、0.1的显著性水平。

由表6-5的估计结果可知，农户家庭年收入、婚姻状况、家中有60岁以上老人、感知的支持政策力度和社会规范五个因素对农户清洁能源应用意愿与行为一致性有显著影响。

家庭年收入对农户清洁能源应用意愿与行为一致性有显著正向影响。在0.01显著水平上，家庭年收入在两个模型中均显著为正，说明家庭年收入越高，农户清洁能源应用意愿与行为的一致性的概率越大。可解释为，家庭年收入水平较低的农户还不具备应用清洁能源的经济条件，其修建清洁能源设施、购买清洁能源产品受到资金约束，随着农户收入水平的提高，其更有可能把应用清洁能源意愿转化为行为，因此，农户应用意愿与行为更趋一致。

婚姻状况对农户清洁能源应用意愿与行为一致性有显著正向影响。在两个模型中婚姻状况均通过了0.05统计水平的显著性检验，表明户主已婚的农户应用意愿与行为一致性的概率比户主未婚的农户更大，原因在于，相对于未婚的户主，已婚的户主能源消费量和面临的经济压力更大，在具有清洁能源应用意愿的情况下，考虑到使用清洁能源可以节约能源消费支出和节约劳动力，其清洁能源应用意愿更容易转化为应用行为。

家中有60岁以上老人对农户清洁能源应用意愿与行为一致性有显著正向影

响。这一变量在两个模型中均通过了0.01水平的显著性检验，说明家中有60岁以上老人比没有老人的农户应用意愿与行为一致性的概率更大，原因可能是，老人比较节俭，应用清洁能源可以减少日常能源消费支出，因而，有应用意愿的农户选择应用清洁能源的概率会越大。

农户感知的清洁能源支持政策力度对其应用意愿与行为一致性有显著正向影响。这一变量在两个模型中均通过了0.05统计水平的显著性检验，表明农户感知的清洁能源支持政策力度越大，其应用意愿与行为一致性的概率越大。其原因可能在于，国家出台促进农村清洁能源发展的支持政策，使农户感受到国家希望农户应用清洁能源，这有助于激发农户的清洁能源应用意愿。与此同时，国家在农户修建沼气池、购买太阳能热水器等方面提供补贴，通过健全、完善农村清洁能源服务体系，为其应用清洁能源创造有利条件，这有利于农户清洁能源应用意愿转化为应用行为。

社会规范对农户清洁能源应用意愿与行为一致性有显著正向影响。这一变量在两个模型中均通过了0.01统计水平的显著性检验，说明社会规范有助于促使农户应用意愿与行为的一致性。该结果与芈凌云（2011）的研究结论是一致的。可能的解释是，有清洁能源应用意愿的农户，在社会规范的压力下选择应用清洁能源的概率越大。

表6－6　农户清洁能源应用意愿与行为一致性影响因素的边际效果

自变量	意愿与行为一致	意愿与行为不一致
家庭年收入	0.048***	－0.048***
婚姻状况	0.096**	－0.096**
家中有60岁以上老人	0.033***	－0.033***
家中有12岁以下儿童	0.107	－0.107
感知的支持政策力度	0.053**	－0.053**
知觉行为控制	0.004	－0.004
宣传教育	－0.006	0.006
社会规范	0.098***	－0.098***
行为便利	0.004	－0.004

注：***、**分别表示0.01、0.05的显著性水平。

由表6-6可知，农户家庭收入水平在0.01的显著性水平上正向显著，说明农户家庭收入每上升一个等级会使农户意愿与行为一致的概率提高0.048%，使农户意愿与行为不一致的概率下降0.048%；可能的解释是，农户家庭年收入越高，经济能力越强，越有能力将意愿转化为行为，能够支付应用清洁能源的相应成本。

农户婚姻状况在0.05的显著性水平上正向显著，说明农户从未婚到已婚会使意愿与行为一致的概率提高0.096%，会使意愿与行为不一致的概率降低0.096%；可能的解释是，未婚农户在家中地位较低，实施行为的主要是其父母或长辈，意愿难以转化为行为；已婚农户是家庭中行为实施的主体，已有意愿可以转化为行为。

家中有60岁以上老人在0.01的显著性水平上正向显著，表明家中有60岁以上老人的意愿与行为一致的概率提高0.033%，意愿与行为不一致的概率降低0.033%；可能的解释是，家中60岁以上老人一般是家庭中的决策者或辅助决策者，老人生活习惯受时代影响，一般比较节俭，在面对省钱的清洁能源时会选择使用健康、节省的清洁能源，会推动家庭清洁能源应用行为的实施，因此已有意愿的农户更容易将意愿转化为行为。

感知的支持政策力度在0.05的显著性水平上正向显著，感知的支持政策力度每上升一个层次，农户意愿与行为一致的概率上升0.053%，意愿与行为不一致的概率下降0.053%；可能的解释是，感知的支持政策力度越强，农户可获得的政策优势越明显，农户会更倾向将意愿转化为行为，以获得政策带来的好处。

社会规范在0.01的显著水平上正向显著，说明社会规范每加强一个等级，农户意愿与行为一致的概率上升0.098%，意愿与行为不一致的概率下降0.098%；可能的解释是，农村社会是典型人情社会，农户更容易受到他人的影响，当社会规范要求农户应用清洁能源时，越强的社会规范影响，农户越倾向将意愿转化为行为。

二、基于ISM的农户应用清洁能源自述偏好与现实选择一致性影响因素分析

根据上述二元Probit回归分析，可以确定影响农户应用清洁能源自述偏好与现实选择一致性的因素，但无法判断影响因素之间的关系及其层次性。解释结构

模型（ISM）可以用于探究复杂社会经济系统的关键影响因素以及各影响因素间的层次结构。为此，本书采用ISM解析农户应用清洁能源自述偏好与现实选择一致性的各影响因素之间的层次结构，找出影响农户应用清洁能源自述偏好与现实选择一致性的直接因素、中间因素及最根源因素。ISM主要分析过程如下：

第一步，构造因素间的逻辑关系。

农户家庭年收入、婚姻状况、家中有60岁以上老人、感知的支持政策力度和社会规范五个因素对农户清洁能源应用意愿与行为一致性有显著影响。

用 S_0 表示农户清洁能源应用意愿与行为一致性。根据上述二元Probit模型回归结果，提取出五个对农户清洁能源应用意愿与行为一致性有显著影响的因素，分别用 S_1、S_2、S_3、S_4 和 S_5 表示农户家庭年收入、婚姻状况、家中是否有60岁以上老人、感知的支持政策力度和社会规范。聘请农村能源和环境行为方面的学者组成专家小组，确定上述6个因素间的逻辑关系（见图6－1）。其中，“V”表示行因素对列因素有直接或间接影响，“A”表示列因素对行因素有直接或间接影响。

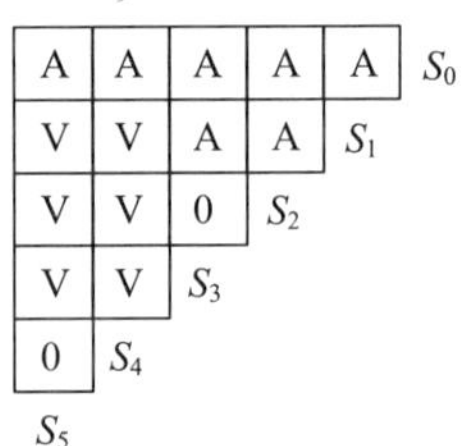

图6－1　农户清洁能源应用意愿与行为一致性影响因素间的逻辑关系

第二步，建立影响因素间的邻接矩阵。

根据农户清洁能源应用意愿与行为一致性影响因素之间的逻辑关系（见图6－1）以及式（6－6），构建出影响因素之间的邻接矩阵R，其公式为：

$$r_{ij}=\begin{cases}1, & s_i \text{ 对 } s_j \text{ 有影响时} \\ 0, & s_i \text{ 对 } s_j \text{ 无影响时}\end{cases} \quad i=1, 2, \cdots, k; j=1, 2, \cdots, k \tag{6-6}$$

式（6－6）中，r_{ij}为邻接矩阵 R 中的元素。

第三步，求出影响因素间的可达矩阵。

借助 Matlab7.0 软件，通过邻接矩阵 R 和式（6－6），计算得到影响因素间的可达矩阵 M，如式（6－7）所示。

$$M=(R+I)^{n+1}=(R+I)^{n}\neq(R+I)^{n-1}\neq\cdots\neq(R+I)^{2}\neq(R+I) \quad (6-7)$$

式（6－7）中，I 为单位矩阵，n 为幂，$2\leqslant n\leqslant k$，采用布尔运算法则进行矩阵的幂运算。

$$M=\begin{matrix} S_0 \\ S_1 \\ S_2 \\ S_3 \\ S_4 \\ S_5 \end{matrix}\begin{bmatrix} 1 & 0 & 0 & 0 & 0 & 0 \\ 1 & 1 & 0 & 0 & 1 & 1 \\ 1 & 1 & 1 & 0 & 1 & 1 \\ 1 & 1 & 0 & 1 & 1 & 1 \\ 1 & 0 & 0 & 0 & 1 & 0 \\ 1 & 0 & 0 & 0 & 0 & 1 \end{bmatrix} \quad (6-8)$$

第四步，确定农户清洁能源应用意愿与行为一致性影响因素间的层级结构。

首先，根据式（6－9）求出一个多级递阶结构的最高层级要素集 L_1。

$$L_1=\{S_i \mid P(S_i)\cap Q(S_i)=P(S_i),\ i=1,\ 2,\ \cdots,\ k\} \quad (6-9)$$

式（6－9）中，$P(S_i)$ 为可达集，表示可达矩阵 M 中第 S_i 行中所有矩阵元素为“1”所对应的列要素的集合；$Q(S_i)$ 为先行集，表示可达矩阵 M 中第 S_i 列中所有矩阵元素为“1”所对应的行要素的集合。可达集 $P(S_i)$ 和先行集 $Q(S_i)$ 的表达式如下：

$$P(S_i)=\{S_{i(行)} \mid m_{ij}=1\},\ Q(S_i)=\{S_{i(列)} \mid m_{ij}=1\} \quad (6-10)$$

式（6－10）中，m_{ij} 为可达矩阵 M 中的元素。

其次，根据式（6－9）和式（6－10），确定最高层要素集 $L_1=\{S_0\}$。

再次，删除可达矩阵 M 中 S_0 因素对应的行和列，得到新的可达矩阵 M_1。再对矩阵 M_1 进行式（6－9）和式（6－10）的运算，得到第二层要素集合 $L_2=\{S_4,\ S_5\}$。以此类推，可得到第三层要素集合 $L_3=\{S_1\}$，第四层要素集合 $L_4=\{S_2,\ S_3\}$。

最后，根据 L_1、L_2、L_3、L_4 将可达矩阵 M 的行与列进行重新排序，得到骨干矩阵 N，如式（6－11）所示。用有向边连接同一层次和相邻层次间的因素，得到农户清洁能源应用意愿与行为一致性影响因素的关联与层级结构。

$$N = \begin{array}{c} S_0 \\ S_4 \\ S_5 \\ S_1 \\ S_2 \\ S_3 \end{array} \begin{bmatrix} 1 & 0 & 0 & 0 & 0 & 0 \\ 1 & 1 & 0 & 0 & 0 & 0 \\ 1 & 0 & 1 & 0 & 0 & 0 \\ 1 & 1 & 1 & 1 & 0 & 0 \\ 1 & 1 & 1 & 1 & 1 & 0 \\ 1 & 1 & 1 & 1 & 0 & 1 \end{bmatrix} \tag{6-11}$$

第五步，建立解释结构模型。

根据农户清洁能源应用意愿与应用行为一致性影响因素间的层次结构，用有向边连接相邻层次以及同一层次的因素，可以得到农户清洁能源应用意愿与应用行为一致性影响因素的解释结构模型（见图6-2）。

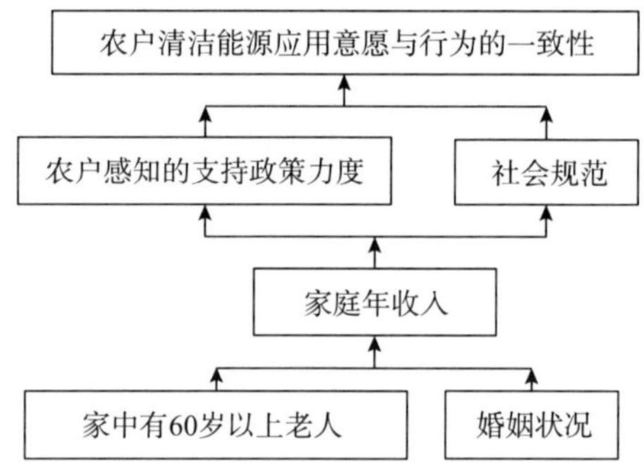

图6-2　影响因素间的解释结构模型

由图6-2可知，在农户清洁能源应用意愿与行为一致性的影响因素中，农户感知的支持政策力度、社会规范是表层直接影响因素，家庭年收入是中间间接因素，婚姻状况、家中有60岁以上老人是深层根源因素。其中，两个深层次因素（婚姻状况、家中有60岁以上老人）通过影响农户的家庭年收入，进而影响农户感知的支持政策力度和社会规范，这两个因素是农户清洁能源应用意愿与应用行为一致性的直接驱动因素。

综上所述，农户清洁能源应用意愿与应用行为一致性的发生机制路径表现为以下两条路径。路径一：家中有60岁以上老人、婚姻状况→家庭年收入→农户感知的支持政策力度→农户清洁能源应用意愿与应用行为一致性。路径二：家中有60岁以上老人、婚姻状况→家庭年收入→社会规范→农户清洁能源应用意愿与应用行为一致性。

第五节　结论与启示

基于江西省695份农户实地调查数据，本书将二元Probit模型和解释结构模型有机结合起来，研究农户清洁能源应用意愿与行为一致性的影响因素及其层次结构，研究表明：婚姻状况、家中有60岁以上老人、家庭年收入、农户感知的支持政策力度和社会规范对农户清洁能源应用意愿与应用行为一致性有显著正向影响；农户感知的支持政策力度、社会规范是表层直接影响因素，家庭年收入是中间间接因素，婚姻状况、家中是否有60岁以上老人是深层根源因素。

根据上述研究结论，可得出以下政策启示：①积极引导村干部、家庭收入高的农户率先应用清洁能源。通过宣传报道、奖励和表彰等形式营造应用清洁能源光荣的氛围，充分发挥社会规范的作用，激励农民在生产和生活中应用清洁能源。②提高农户的收入水平，积极为有清洁能源应用意愿的农户提供信贷支持，缓解其应用清洁能源的资金压力。③采用广播、电视、网络等媒介宣传应用清洁能源对于生态保护的作用，激发农户的应用意愿。加大对国家清洁能源政策法规的宣传，让农户充分了解国家出台的各种激励政策，与此同时，要加大支持政策的执行力度，使这些政策落到实处，为农户应用清洁能源创造有利条件，促进更多的农户将清洁能源应用意愿转化为应用行为。

第七章　农户清洁能源应用选择行为研究

第一节　引言

清洁能源是指不排放污染物的能源，包括核能和可再生能源。根据《中华人民共和国可再生能源法》，可再生能源是指风能、太阳能、生物质能（沼气）等非化石能源，不包括通过低效率炉灶直接燃烧方式利用秸秆、薪柴、粪便等。本书所研究的清洁能源，是指风能、太阳能、生物质能（沼气）等。党和政府高度重视农村清洁能源发展，在党的十九大报告中明确指出，要形成绿色发展方式和生活方式，坚定走生产发展、生活富裕、生态良好的文明发展道路。农户是农村清洁能源的应用主体，有效引导农户在生产和生活中尽可能地应用清洁能源，对于农村可持续发展至关重要。

学者们对居民应用清洁能源进行了深入研究，得出了一些有价值的研究结论。已有研究主要集中在三个方面：①探究居民应用太阳能的影响因素。如Chang等（2008）认为，太阳能热水器的价格、能源价格、气候特征、人口结构、城镇化、建筑类型等都会影响中国台湾居民的采纳行为。Benli（2016）基于土耳其数据的研究表明，经济条件、区域人口、气候特征及太阳能热水器的价格均会对居民的采纳行为产生影响。汪兴东等（2017）基于扩展的技术接受模型与计划行为理论，基于江西省农村居民的调查数据，研究农村居民太阳能热水器采纳意愿的影响因素，发现感知有用性对农村居民的采纳意愿具有积极影响；主观规范与感知行为控制能很好地预测农村居民的采纳意愿；政策支持能显著提升农村居民的采纳意愿，而经济成本对采纳意愿具有明显的抑制作用。②研究居民购买新能源汽车的影响因素。徐国虎等（2010）运用因子分析法研究发现，汽车品质因子、购置成本因子、售后服务因子、使用能耗因子和周围影响因子是影响消费者购买新能源汽车决策的主要因素。王颖等（2013）研究得出城市居民感知风险对新能源汽车购买意愿有负面作用。杨树（2015）发现产品属性认知、信息和补贴型政策既能直接影响城市居民新能源汽车的购买意愿，又通过购买动机间接影响购买意愿；便利政策感知只直接影响城市居民新能源汽车的购买意愿。③研究居民应用沼气的影响因素。如蔡亚庆等（2012）采用公共投资占农户沼气池建造成本的比例来表示沼气补贴政策，研究表明，沼气补贴政策、农户收入水平都会显著影响沼气池的使用效率。彭新宇和高雷（2014）研究发现，实际获得沼气池建设补贴额、沼气有用性认知、沼气易用性认知等都会对贫困地区农户采纳决策产生显著正向影响。朱立志和赵鱼（2012）认为农户环境保护意识的程度对农户沼气采纳行为有正向影响。

已有文献研究了居民应用不同类型清洁能源的影响因素，为本书研究农户清洁能源应用选择行为提供有益参考，但仍有拓展的空间。一是已有文献主要关注居民或农户是否应用某种清洁能源，而对居民或农户应用过程中的行为进行研究的较少；二是即使农户在生活中已经应用了清洁能源，但其可能很少使用清洁能源，也有可能较多应用清洁能源，还有可能主要依赖清洁能源。但鲜有学者对农户清洁能源应用选择行为的影响因素进行研究。为此，在已有研究的基础上，基于江西省的农户调查数据，采用多元有序 Probit 模型研究农户使用清洁能源频率影响因素，旨在为引导更多农户提高清洁能源使用频率提供参考与借鉴。

第二节　理论研究与研究假设

计划行为理论认为，行为意愿是行为的直接前因变量。行为意愿是指个体愿意从事某一特定行为并付出努力的心理倾向，行为意愿直接决定由行为人意志控制的行为。使用清洁能源频率是清洁能源使用行为的量化表达。杨君茹（2018）

研究发现，行为意愿是居民家庭节能行为的直接心理动因。Wang 等（2016）研究发现，绿色汽车购买意愿会显著影响其绿色汽车购买行为。因此，本书认为，行为意愿会显著影响农村居民清洁能源使用频率。

社会规范是指参照群体通过向个体展示态度、规则和愿望等一系列价值观，从而使得个体服从群体规则的社会压力。计划行为理论认为，主体进行行为决策时所感知到的来自身边重要他人的压力（主观规范）会影响其实施行为。龙晓枫（2016）研究发现，社会规范会对消费者社会责任消费行为产生影响。孙娟（2018）研究发现，社会规范能正向调节感知价值与锁定购买行为之间的关系。寇祁（2015）研究发现，出行态度、社会规范、感知行为控制等因素对居民绿色出行意向具有显著影响。因此可以认为，社会规范会对农村居民清洁能源使用频率产生显著影响。

农村居民使用清洁能源是一种技术采纳行为，技术接受模型认为系统使用是由行为意向决定的，用户感知的有用性和易用性会影响其行为意愿，外部变量包括社会影响、便利条件和政策影响等会影响用户感知的有用性和易用性。便利条件是指农村居民认为现有的资源和条件对其应用清洁能源的便利程度。兰静（2016）研究发现，便利条件对消费者可持续交通使用行为有显著的正向影响。因此，本书认为，行为便利会对农村居民清洁能源使用频率产生显著影响。

从众心理是指个体受到外界影响，形成与大众行为一致的心理。已有研究发现个体在实施环境行为时会受到从众心理的影响。芈凌云（2018）研究发现，从众心理是诱发知识型消费者新能源汽车购买意愿的外部心理诱因，购买意愿直接作用于购买行为。孙剑（2015）研究得出，非绿色社会参照群体规范会阻碍消费者绿色消费行为。因此，本书认为，从众心理会显著影响农村居民清洁能源使用频率。

清洁能源产品属性是指居民所使用的产品和技术的各种性能总和。ABC 理论认为个体行为会受到外部情境条件的影响。岳婷（2014）研究发现，节能产品属性对城市居民能效投资节能行为的影响程度较高。芈凌云等（2016）研究得出，能效产品经济性对居民能源消费低碳化行为有显著正向促进作用。因此可以认为，清洁能源产品属性显著影响农村居民清洁能源使用频率。

第三节　研究设计

一、数据收集

由于江西省地区经济发展不平衡，为了使抽取的样本农村居民有代表性，课题组根据江西省 2010 年的农村居民人均纯收入（元），将江西省的所有县（市）分为四类，从每类中随机选取五个样本县，然后从每个样本县中随机抽取四个样本村进行问卷调查。本书所用数据来自课题组于 2016 年 1 ~6 月对江西省 20 个县（区）、100 个村、800 个农村居民所做的分层随机抽样调查。共发放问卷 800 份，收回 794 份，剔除了数据缺失的问卷后，实际有效问卷为 695 份，问卷有效率为 87.5%。

二、变量设定与测量

本书将采用两种类型变量：潜变量和显变量。潜变量需要采用因子分析方法得到，显变量则直接取值。选择的潜变量包括有从众心理、社会规范、清洁能源产品属性、行为便利、应用意愿，这五个潜变量均采用李克特五级量表测量。选取的显变量为政策力度、绿色能源示范县、家庭年收入、受教育程度。各显变量的描述性分析如表 7 –1 所示。

表 7 –1　调查问卷各显变量的描述性统计

内容	观测值（个）	均值	标准误	最小值	最大值
受教育程度（EDU）	695	1	4	2.19	0.993
家庭年收入（INC）	695	1	5	3.01	1.114
绿色能源示范县（SFX）	695	0	1	0.24	0.425

为了确保量表的信度和效度，主要采用国内外较为成熟的量表作为测量工具，并结合中国农村情景以及研究目的，对量表的内容进行适当的修改。在正式调查前，通过与农村居民的访谈和小样本预试，对量表进行修正，最终形成正式的量表。主要变量均采用李克特五级量表，要求农村居民根据自身实际情况进行

评价。各潜变量的描述性统计见表 7－2。

表 7－2　调查问卷各测量变量的描述性统计

因子	编号	测量变量	均值	标准差
从众心理（CZ）	C1	在日常消费中，我喜欢与周围的大多数人保持一致	3.27	0.954
	C2	我常常会购买朋友、亲戚或邻居都买的产品	3.23	0.964
	C3	如果我周围的熟人都使用清洁能源，我也会使用	3.46	0.929
社会规范（GF）	G1	我周围的大多数人都认为应该在生活和生产中使用清洁能源	3.3	0.956
	G2	使用清洁能源的行为应得到周围人的赞赏	3.55	0.938
	G3	参加使用清洁能源的宣传活动是件光荣的事	3.63	0.893
清洁能源产品属性（SX）	S1	清洁能源设备或设施的质量	3.19	0.734
	S2	维护清洁能源设备或设施技术人员的水平	3.13	0.754
	S3	使用清洁能源产品的质量和服务	3.17	0.857
行为便利（BL）	B1	我有使用清洁能源所要求的经济条件	3.33	0.999
	B2	我使用清洁能源时可以得到必要的支持和帮助	3.19	0.938
	B3	我有使用清洁能源所要求的技术条件	3.05	0.994
应用意愿（YYY）	Y1	为了减少碳排放，我愿意使用清洁能源	3.8	0.912
	Y2	我愿意成为村宣传使用清洁能源的志愿者	3.33	0.987
	Y3	只要财力允许，我愿意建设太阳房	3.51	1.014
	Y4	我愿意为绿电（太阳能、风能发的电）每个月多支付5%～10%的电费	3.05	1.022

三、模型构建

由于受访农户使用清洁能源频率为很低（取值 1）、比较低（取值 2）、一般（取值 3）、比较高（取值 4）、很高（取值 5）五个等级，是可以按照高低顺序排列的有序多分类响应变量，因此，采用有序多分类离散选择模型中的多元有序 Probit 模型研究农户使用清洁能源频率的影响因素。

假设 $y^* = x\beta + \varepsilon$，其中 y^* 是不能被观测到的内在趋势，而 y_i 表示在(1，2，…，i)上取值的有序响应，x，β，ε 分别为模型的解释变量、待估计参数和随机干扰项。

$y=1$ 的概率为：$P(y=1 \mid x) = P(y^*>0) = P(\varepsilon > -x\beta) = F(x, \beta)$。

如果 $F(x, \beta)$ 为标准正态的累积分布函数，则：

$P(y = 1 \mid x) = F(x,\beta) = \phi(x\beta) \equiv \int_{-\infty}^{x\beta} \Phi(t)\,dt$，该模型被称为 Probit 模型。关于 y_i 的有序 Probit 模型，其选择规则如下：

$$y_i=\begin{cases}1, & y^*\leqslant r_1\\2, & r_1<y^*\leqslant r_2\\3, & r_2<y^*\leqslant r_3\\4, & r_3<y^*\leqslant r_4\\5, & r_4\leqslant y^*\end{cases}$$

其中，r_1，r_2，r_3，r_4 为待估计参数，且 $r_1<r_2<r_3<r_4$，称之为切点（Cutoff Points）。

假设 $\varepsilon\sim N(0,1)$，则有：

$$\begin{aligned}P(y=1\mid x)&=P(y^*\leqslant r_1\mid x)=P(x\beta+\varepsilon\leqslant r_1\mid x)=P(\varepsilon\leqslant r_1-x\beta\mid x)\\&=\phi(r_1-x\beta)\ P(y=2\mid x)=P(r_1<y^*\leqslant r_2\mid x)\\&=P(y^*\leqslant r_2\mid x)-P(y^*<r_1\mid x)\\&=P(x\beta+\varepsilon\leqslant r_2\mid x)\ \phi(r_1-x\beta)\end{aligned}$$

同理可得：

$$P(y=3\mid x)=\phi(r_3-x\beta)-\phi(r_2-x\beta)$$

$$P(y=4\mid x)=\phi(r_4-x\beta)-\phi(r_3-x\beta)$$

$$P(y=5\mid x)=1-\phi(r_4-x\beta)$$

本书构建的多元有序 Probit 模型如下：

$$Y^*=\alpha_0+\alpha_1G+\alpha_2L+\alpha_3Q+\alpha_4X+\mu \qquad (7-1)$$

式（7-1）中，i 表示第 i 个农户；G 表示农户个体特征和家庭特征，包括受教育程度、家庭年收入；L 表示区域特征，采用绿色能源示范县表示；Q 表示心理因素（从众心理、行为便利、应用意愿）；X 表示情境因素，包括社会规范、清洁能源产品属性；μ 表示随机误差项。

第四节　数据分析与假设检验

一、信度和效度检验

（1）信度检验。采用内部一致性信度系数（Cronbach's α 值）和复合信度测度模型中各潜变量的内部一致性。利用 SPSS19.0 软件进行信度分析，潜变量的信度检验结果如表 7－3 所示。如表 7－3 所示，各潜变量的 Cronbach' s α 系数都高于 0.5，CR 值均高于 0.5，这说明量表的内部一致性较好，本书所使用调查问卷的可信度较高。

（2）效度检验。借助 SPSS19.0 软件，采用因子载荷和组合信度（CR）检验收敛效度，检验结果如表 7－3 所示。由表 7－3 可知，各潜变量对应分量表的 KMO 统计值均在 0.5 以上，检验结果的显著性水平均小于 0.001，这意味着研究量表适合进行因子分析。各变量的标准化因子载荷值建议值标准是应该大于 0.5，本书各变量的标准化因子载荷值均大于 0.65，这表明各潜变量均有较好的收敛效度。因此，从整体看，各变量均具有较好的收敛效度，各潜在变量的信度较好。

表 7－3　收敛效度分析结果

潜变量名称	编号	α 值	标准化因子载荷	KMO 值	Bartlett 球形度检验
从众心理（CZ）	C1	0.752	0.828	0.679	501.315
	C2		0.847		
	C3		0.776		
社会规范（GF）	G1	0.691	0.659	0.616	428.927
	G2		0.850		
	G3		0.846		
清洁能源产品属性（SX）	S1	0.781	0.805	0.686	609.397
	S2		0.873		
	S3		0.827		
行为便利（BL）	B1	0.695	0.740	0.647	374.824
	B2		0.785		
	B3		0.838		
应用意愿（YYY）	Y1	0.747	0.720	0.729	652.196
	Y2		0.848		
	Y3		0.714		
	Y4		0.733		

二、相关分析

运用 Stata12.0 软件，首先对本书的研究变量进行相关分析，结果见表 7－4。结果显示，自变量之间的 Pearson 相关系数绝大部分均小于 0.370，在 0.1 的显著水平上，除了从众心理、受教育程度、绿色能源示范县与农户清洁能源持续应用行为的相关性不显著外，其余自变量均与农户清洁能源持续应用行为显著正相关。对于模型可能存在的多重共线性进行检验，结果显示模型各自变量的 VIF 值都小于 1.38，说明自变量间不存在明显的多重共线性问题。

表 7－4　相关分析结果

	PL	LD	CZ	GF	SX	BL	YYY	EDU	INC	SFX
PL	1									
LD	0.1506 *	1								
CZ	0.0129	0.0877 *	1							
GF	0.1357 *	0.1993 *	0.2522 *	1						
SX	0.2026 *	0.2931 *	0.1393 *	0.2565 *	1					
BL	0.1953 *	0.1985 *	0.3013 *	0.3673 *	0.3614 *	1				
YYY	0.1400 *	0.1202 *	0.1657 *	0.3812 *	0.2433 *	0.2522 *	1			
EDU	-0.0129	0.1047 *	-0.029	0.1192 *	0.0731 *	0.1229 *	0.1693 *	1		
INC	0.0644 *	0.0655 *	0.0146	0.0491	0.0381	0.1416 *	0.0863 *	0.0678 *	1	
SFX	0.0501	0.0157	0.0212	-0.039	-0.0076	0.006	-0.0252	-0.0654 *	-0.2228 *	1

注：* 表示在 0.1 的水平上显著。

三、估计结果分析与讨论

（一）农户清洁能源使用频率影响因素的估计结果

表 7－5 反映了各自变量对农户清洁能源使用频率的影响，列示了多元有序 Probit 的估计结果。作为对比，表 7－5 同时提供了 OLS 和多元有序 Logit 的估计结果。由表 7－5 可知，在 0.1 的显著水平上，政策力度、从众心理、产品属性、行为便利、应用意愿、受教育程度六个因素对农户清洁能源使用频率有显著影响。

表 7-5　农户清洁能源使用频率影响因素的估计结果

自变量	多元有序 Probit	OLS	多元有序 Logit
政策力度	0.111** (0.050)	0.077** (0.036)	0.231** (0.094)
从众心理	-0.087* (0.045)	-0.062* (0.033)	-0.165** (0.083)
社会规范	0.063 (0.050)	0.034 (0.036)	0.119 (0.089)
产品属性	0.137*** (0.048)	0.098*** (0.034)	0.225** (0.089)
行为便利	0.134*** (0.051)	0.107*** (0.036)	0.219** (0.092)
应用意愿	0.095** (0.047)	0.062* (0.034)	0.186** (0.088)
受教育程度	-0.089** (0.044)	-0.055* (0.032)	-0.184** (0.080)
家庭年收入	0.058 (0.040)	0.033 (0.029)	0.115 (0.073)
绿色能源示范县	0.169 (0.104)	0.117 (0.074)	0.243 (0.188)

注：***、**、* 分别表示 0.01、0.05、0.1 的显著性水平。以下同。

农户对“政府推进农户应用清洁能源的总政策支持力度”的看法在 0.05 的显著性水平上正向显著。表明政府推进农户应用清洁能源的总政策支持力度越大，农户对清洁能源的使用频率越高。可能的解释是，政府政策引导广大人民群众的意识及行为选择，政府推进农户应用清洁能源的总政策支持力度越大，意味着乡镇级、村级干部宣传推广做得越到位，对农户使用清洁能源行为引导力度就越大，农户对清洁能源的使用也就越频繁。

“从众心理”对农户使用清洁能源的频率有显著的负向影响，显著水平为 0.1。表明越从众的农户，对清洁能源的使用频率越低。可能的解释为，现阶段清洁能源并未得到广泛的推广使用，使用人数相对较少，而越不从众的农户，更愿意体验与接纳新鲜事物，对清洁能源的使用频率也就越高。

“产品属性”在 0.01 的显著性水平上正向显著。表明清洁能源产品属性（产品质量和服务、维修人员水平）越好，农户对其使用频率也就越高。可能的解释是，一方面，清洁能源质量好，在使用过程中出现故障的概率较低，清洁能源产品的口碑就越好；另一方面，维护清洁能源设备或设施技术人员的水平越高、售后服务越好，产品在使用中出现故障时就越能够得到及时解决，使用该类产品能得到较好的用户体验，从而会持续使用清洁能源产品。

“行为便利”在 0.01 的显著性水平上正向显著。表明农户使用清洁能源产品行为便利程度（达到清洁能源所要求的经济及技术条件、使用清洁能源时可以得到必要的支持和帮助）越高，农户对其使用频率也就越高。笔者在农村调查发现，有一部分已经应用清洁能源的农户因清洁能源故障，请维修人员上门服务困难，维修成本高，而不愿意继续使用清洁能源。因而可能的解释是，清洁能源相比于非清洁能源来说，价格不具备比较优势，使用清洁能源费用相对较高，需要一定的经济条件支持。另外，清洁能源产品的正确使用需掌握相关知识，及时得到他人的帮助与支持能极大地提高农户使用清洁能源产品的便捷度，从而提高该类产品的使用频率。

"应用意愿"在0.05的显著性水平上正向显著。表明农户使用清洁能源产品的意愿越强，对其使用频率就越高。这点不难解释，个人意愿会对自身行为产生极大的影响，使用清洁能源意愿越强烈的农户，对清洁能源使用频率自然也就越高。

"受教育程度"在0.05的显著性水平上负向显著。表明农户户主的受教育程度越高，其对清洁能源使用频率越低。清洁能源产品相比于传统能源来说，需达到一定的经济（不划算）、技术条件，而受教育程度相对低的农村居民对政府相关政策的服从程度相对高，因而对清洁能源的使用频率较高。

（二）农户清洁能源使用频率影响因素的边际效应分析

表7－5的估计结果仅给出了各解释变量对农户清洁能源使用频率影响的显著性与作用方向，而无法知道各解释变量对清洁能源使用频率的影响程度。为了解相关解释变量对因变量的实际影响程度，本书在进行多元有序Probit回归的基础上，列出了相关解释变量对使用频率的边际概率影响（边际效应）。根据表7－6边际分析结果可知，相关解释变量都会显著影响农村居民清洁能源使用频率的相应层次。具体分析如下：

表7－6　清洁能源使用频率的边际效应

自变量	很低	比较低	一般	比较高	很高
政策力度	－0.016**	－0.014**	0.006*	0.018**	0.006**
从众心理	0.013*	0.011*	－0.005	－0.014*	－0.005*
产品属性	－0.020***	－0.018***	0.008*	0.023***	0.007**
行为便利	－0.020***	－0.017**	0.007*	0.022**	0.007**
应用意愿	－0.014**	－0.012**	0.005	0.016**	0.005*
受教育程度	0.013**	0.011**	－0.005	－0.015**	－0.005*

“政策力度”每提高一个等级，会让农户使用清洁能源频率“很低”的可能性降低 1.6%，让其频率“比较低”的概率降低 1.4%；而让其频率“一般”“比较高”及“很高”的可能性分别提高 0.6%、1.8%、0.6%。总的来说，政府推进农户应用清洁能源的总政策支持力度越大，会让农村居民使用清洁能源“很低”“比较低”的可能性下降，而让使用频率“一般”“比较高”“很高”的可能性上升。这意味着在其他条件不变的情况下，政府加大相关政策推广力度，农户对清洁能源的使用频率会显著提高。

“从众心理”每提高一个等级，会让农户使用清洁能源频率“很低”的可能性提高 1.3%，“比较低”的可能性提高 1.1%；让其频率“比较高”的概率降低 1.4%，“很高”的可能性降低 0.5%。总的来说，农户自身越从众，会让使用清洁能源频率“很低”“比较低”的可能性上升，而让使用频率“比较高”“很高”的可能性下降。这意味着在其他条件不变的情况下，加大清洁能源推广率，让使用清洁能成为一种常态，会提高农户对清洁能源的使用频率。

“产品属性”每提高一个等级，会让农户使用清洁能源频率“很低”的可能性降低 2.0%，“比较低”的可能性降低 1.8%；让其频率“一般”的概率提高 0.8%，“比较高”“很高”的概率分别提高 2.3%、0.7%。总的来说，清洁能源产品属性越好，会让使用清洁能源频率“很低”“比较低”的可能性下降，而让使用频率“一般”“比较高”“很高”的可能性上升。这意味着在其他条件不变的情况下，产品自身质量、售后服务及维修人员技术平的提升会提高农村居民对清洁能源的使用频率。

“行为便利”每提高一个等级，会让农户使用清洁能源频率“很低”的可能性降低 2.0%，“比较低”的可能性降低 1.7%；让其频率“一般”的概率提高 0.7%，“比较高”“很高”的概率分别提高 2.2%、0.7%。总的来说，使用清洁能源越便利，会让使用清洁能源频率“很低”“比较低”的可能性下降，而让使用频率“一般”“比较高”“很高”的可能性上升。这意味着在其他条件不变的情况下，降低清洁能源价格，提高产品使用的便捷性，建立系统的产品技能培训体系，使用户能及时得到相关技术支持，会提高农户对清洁能源的使用频率。

“应用意愿”每提高一个等级，会让农户使用清洁能源频率“很低”“比较低”的可能分别降低 1.4%、1.2%；让其频率“比较高”“很高”的概率分别提

高1.6%、0.5%。总的来说，农村居民自身应用清洁能源意愿的提高，会让使用清洁能源频率“很低”“比较低”的可能性下降，而让使用频率“比较高”“很高”的可能性上升。这意味着在其他条件不变的情况下，通过相关有效途径提高农户应用清洁能源的意愿，会提高农户对清洁能源的使用频率。

“受教育程度”每提高一个等级，会让农户使用清洁能源频率“很低”“比较低”的可能性分别提高1.3%、1.1%；让其频率“比较高”“很高”的概率分别降低1.5%、0.5%。总的来说，农户户主受教育程度的提高，会让使用清洁能源频率“很低”“比较低”的可能性上升，而让使用频率“比较高”“很高”的可能性下降。这表明，应该改善政策引导方式，提高受教育程度高的农村居民环保意识，同时改进清洁能源产品自身性能、降低价格，从而提高农户清洁能源使用频率。

第五节　研究结论与政策启示

本书采用江西省695份农户调研数据，采用多元有序Probit模型研究了农户使用清洁能源频率的影响。研究发现，政策力度、从众心理、产品属性、使用清洁能源行为便利程度、应用意愿、受教育程度会影响农户清洁能源使用频率。其中，从众心理、受教育程度对农户清洁能源使用频率产生负向影响，其余变量对其产生正向影响。研究还发现，政府相关政策推广力度越大、从众心理越弱、清洁能源产品属性（质量、服务等）越好、使用清洁能源行为越便利、农户应用清洁能源意愿越高、受教育程度越低会让其清洁能源使用频率“很低”及“比较低”的可能性下降，而让其“比较高”“很高”的可能性上升。

基于以上研究结论，可以得到如下启示：

（1）提高推进农村居民应用清洁能源的总政策支持力度，发挥政府政策的引导和导向作用。可采取开展节能环保系列主题讲座、定期组织农村居民观看环保题材电影等多样化形式，让农村居民切身体会现阶段的环境污染带来的食品安全、自身健康等方面的问题。

（2）引导农村居民树立生态价值观，使农村使用清洁能源成为一种常态。加大对清洁能源产品的宣传，让农村居民深入了解清洁能源给社会环境、自身健康带来的益处，从而使农村居民自觉选择应用清洁能源，提高农村居民使用清洁能源的意愿，进而影响其实际行为。

（3）规范清洁能源产品生产标准，提高清洁能源设备或设施的质量。定期对清洁能源产品售前、维修及售后服务队伍进行培训，提高维护清洁能源设备或设施技术人员的水平，使农户在清洁能源产品使用过程中有一个较好的用户体验，从而提高其清洁能源使用频率。

（4）建立良好的售后服务体系，搭建“企业—商家—农户”交流服务平台，解决已经应用清洁能源的农村居民在清洁能源产品故障时请维修人员上门服务困难、维修成本高的问题，提高使用清洁能源产品的便捷度，从而使农户继续选择使用清洁能源。

第八章　农户能源消费清洁化程度研究

第一节　引言

能源消耗引发的环境问题是近年来政府极为关注的一个环境问题。家庭能源消费是我国环境问题需要关注的一个重点问题。有研究表明，全球碳排放增长主要来自于家庭能源消费（International Energy Agency，2010）。从人均用能看，2000~2012年农村人均生活用能量的增长速度达到224%，远远高于同期城镇人均生活用能量的增长速度61.4%（《中国能源统计年鉴》(2013)）。因此，农村家庭人均生活用能量的增长速度明显快于城市。而从能源消费结构看，农村传统生物质能源消费从1979年的71%下降到2005年的34%，商品能源消费从17%增加到44%，其中主要是煤炭（Zhang等，2009）。考虑到中国农户的能源消费增长主要是煤炭，使得农户能源消费引发的环境安全生产问题尤为突出。因此，有必要优化农户能源消费结构，提高清洁能源在能源消费结构中的比重。

学者们研究农村能源消费结构的影响因素，发现经济发展水平、地区能源禀赋、社会环境、地域文化和地理特征等会影响农村能源消费结构（翟辅东，2003；王效华等，2000；梁育填等，2012；吴燕红等，2008）。许永兵、黄礼龙（2018）研究京津冀农村能源消费结构，发现京津冀农村生活能源消费存在着煤炭消费占比过高、高质商品能源占比较少、能源利用效率低以及新能源开发利用不足等问题。Tabuti等（2003）研究家庭成员结构对家庭能源的影响，发现女性比例与薪柴消费量呈正相关。秦青等（2017）采用陕西、四川和云南2010年和2015年的农户调研数据，研究发现，人力资本、金融资本越高，商品能源消费越多；自然资本越高，薪柴秸秆消费越多；物质资本越高，汽油柴油消费量越高；社会资本越高，新能源消费比例会有所提升。郑顺安等（2017）基于1991～2014年农村能源的统计数据，研究表明，非商品能源消费所占比重逐渐下降，而商品能源消费比重显著提升，并于2011年后开始高于非商品能源；秸秆和薪柴的消费比重从1991年的80.8%降至2014年的39.6%，而煤、电、沼气、油、液化石油气、太阳能消费比重均显著增加。李宗泰等（2017）研究北京农村生活能源消费结构及影响因素发现，在农村家庭生活消费的能源总量中，电力、煤炭和燃气等商品能源占77.65%，其中煤炭占53.14%，秸秆和薪柴等生物质能源占16.77%，太阳能、沼气等新型能源占5.58%。家庭的收入、所居地形、兼业情况和人口等因素对农村家庭选择生活能源有影响。

已有文献从不同角度对农村能源消费结构的影响因素进行了广泛研究，得出了一些有价值的研究结论，但仍存在拓展的空间。一是已有研究从地区（省级）层面展开的较多，从家庭层面进行的研究较少；二是已有文献主要研究农村能源消费结构的影响因素，鲜有学者对农户清洁能源应用程度影响因素进行研究。为此，在已有研究的基础上，基于江西省的农户调查数据，运用多元有序Logit模型识别农户清洁能源应用程度的影响因素，旨在为优化农户能源消费结构提供参考与借鉴。

第二节　模型构建、数据与变量说明

一、模型选择

由于农户能源消费结构清洁化程度是有序变量，故本书选择多元有序Logit模型研究农户清洁能源持续应用行为的影响因素。

多元有序Logit模型如下：

$$y^* = X\beta + \mu \qquad \mu \mid X \sim Logit\ (0,\ 1) \tag{8-1}$$

式（8－1）中，y^*为不可观测的潜变量，表示农户能源消费结构清洁化程度；

y 为潜变量相对应的观测到的变量，X 为一组解释变量；β 为相应的待估计参数；μ 为服从逻辑斯特分布的误差项。设 δ 为不同清洁化程度的临界值。y^* 和 y 的关系取决于 y^* 是否大于或小于给定的临界值，在本书中，两者的关系可表达为：

如果 $y^* < \delta_0$，则农户能源消费结构清洁化程度为5%以下，$y=1$；如 $\delta_0 \leq y^* < \delta_1$，则农户能源消费结构清洁化程度为5%～20%，$y=2$；如 $\delta_1 \leq y^* < \delta_2$，则农户能源消费结构清洁化程度为20%～40%，$y=3$；如 $\delta_2 \leq y^* < \delta_3$，则农户能源消费结构清洁化程度为40%～60%，$y=4$；如 $y^* \leq \delta_3$，则农户能源消费结构清洁化程度为60%以上，$y=5$。

二、数据来源与样本情况

由于江西省地区经济发展不平衡，为了使抽取的样本农户有代表性，课题组根据江西省2010年的农村居民人均纯收入（元），将江西省的所有县（市）分为四类，从每类中随机选取五个样本县，然后从每个样本县中随机抽取4个样本村进行问卷调查。本书所用数据来自课题组2016年1～6月对江西省20个县（区）、100个村、800个农户所做的分层随机抽样调查。共发放问卷800份，收回794份，剔除了数据缺失的问卷后，实际有效问卷为695份，问卷有效率为87.5%。

农户样本中，从受教育程度来看，大部分户主只有初中及以下学历，高中及以上学历的户主只占全体样本的32.2%，这与农民的文化程度普遍不高的事实相一致；从家庭年收入来看，家庭年收入在3万元及以下农户占总样本的比重为36.69%，家庭年收入在3万～5万元农户占总样本的比例为30.5%，家庭年收入在5万元以上的农户占总样本的比重为32.81%，表明样本户的收入结构较为合理；从绿色能源示范县来看，非绿色能源示范县农户占总样本的76.41%，说明样本农户以非绿色能源示范县农户为主，这与江西绿色能源示范县较少的事实相吻合。

三、变量说明

本书将采用两种类型变量：潜变量和显变量。潜变量需要采用因子分析方法得到，显变量则直接取值。

（一）潜变量测量

（1）感知因素（有用性和易用性）（G）。借鉴Taylor和Todd（1995）、李后建

(2012）等研究成果，设计了三个条目。采用李克特五级量表，“完全不同意”至“完全同意”分别用“1”到“5”赋值。题项为“使用清洁能源有利于节约劳动力”“使用清洁能源方便、卫生”“学习使用清洁能源对我来说很容易”。信度分析结果显示，感知的有用性的α值为0.640，这表明数据有较高的可靠性。

（2）清洁能源产品属性（A）。借鉴岳婷（2014）的研究设计了三个条目，采用李克特五级量表，“非常差”至“非常好”分别用“1”到“5”赋值。题项为“应用清洁能源产品的质量和服务”“应用清洁能源产品的技术水平”“清洁能源产品的易获得性”。信度分析结果显示，清洁能源产品属性的α值为0.781，这表明数据有较高的可靠性。

（3）行为能力（N）。借鉴芈凌云（2011）的研究设计了三个条目，采用李克特五级量表，“从不如此”至“总是如此”分别用“1”到“5”赋值。题项为“对于清洁能源知识，我很快就能理解和接受”“对于新的想法，我很快就能制定出可行的实施方案”“对于清洁能源应用技术，我很快就能掌握和应用”。信度结果显示，行为能力的α值为0.791，这表明数据有较高的可靠性。

（4）宣传教育（X）。借鉴芈凌云（2011）的研究设计了三个条目，采用李克特五级量表，“完全不同意”至“完全同意”分别用“1”到“5”赋值。题项为“媒体和村的宣传让我学会了很多使用清洁能源的知识和技能”“好的宣传活动，会促使我购买使用清洁能源的产品”“知道如何应用清洁能源，对于我使用清洁能源很重要”。信度结果显示，宣传教育的α值为0.581，这表明数据有较高的可靠性。

（5）行为便利（B）。借鉴何德华、鲁耀斌（2009）的研究设计了三个条目，采用李克特五级量表，“完全不同意”至“完全同意”分别用“1”到“5”赋值。题项为“我有使用清洁能源所要求的经济条件”“我使用清洁能源时可以得到必要的支持和帮助”“我有使用清洁能源所要求的技术条件”。信度结果显示，行为便利的α值为0.695，这表明数据有较高的可靠性。

（6）命令控制（M）。借鉴孙岩（2006）、杨洪刚（2009）和芈凌云（2011）的研究设计了三个条目，采用李克特五级量表，“完全不同意”至“完全同意”分别用“1”到“5”赋值。题项为“如果政府强制性要求养殖户必须建设沼气池，我会修建沼气池”“为了避免一些部门的罚款，我会不得不应用清洁能源”

“如果政府强制性规定要求使用清洁能源，我会使用清洁能源”。信度结果显示，命令控制的α值为0.702，这表明数据有较高的可靠性。

（二）显变量测量

根据前面的理论分析，本书引入的各显变量分别是：农户清洁能源应用程度采用农户使用清洁能源在能源消费中所占比重（1=5%以下；2=5%~20%；3=20%~40%；4=40%~60%；5=60%以上）表示。受访者文化程度（小学及以下=1；初中=2；高中=3；大专及以上=4）、家庭年收入（1万元及以下=1；1万~3万元=2；3万~5万元=3；5万~10万元=4；10万元以上=5）、家中是否有60岁以上老人（是=1；否=0）、家中是否有12岁以下儿童（是=1；否=0）、是否了解国家推进农村应用清洁能源的支持政策（很不了解=1；不太了解=2；了解一些=3；非常了解=4）。

第三节　估计结果与讨论

运用Stata12.0软件，对模型可能存在的多重共线性进行检验。检验结果显示，模型各自变量的VIF值都小于2，说明自变量间不存在明显的多重共线性问题。

多元有序Logit模型的估计结果见表8-1。其中，模型Ⅰ为所有解释变量都纳入方程的回归结果；模型Ⅱ为删除模型Ⅰ中影响不显著的家中有12岁以下儿童、家中有60岁以上老人、受教育程度、家庭年收入、感知因素、行为能力、命令控制7个解释变量后的回归结果。比较模型Ⅰ和模型Ⅱ的估计结果可知，这两个模型的拟合优度比较接近，分别为0.0382和0.0354。

表8-1　模型估计结果

自变量	模型Ⅰ		模型Ⅱ	
	系数	标准误	系数	标准误
家中有12岁以下儿童	-0.211	0.152	—	—
家中有60岁以上老人	-0.062	0.154	—	—
受教育程度	-0.027	0.078	—	—

续表

自变量	模型Ⅰ		模型Ⅱ	
	系数	标准误	系数	标准误
家庭年收入	0.017	0.070	—	—
感知因素	-0.071	0.084	—	—
行为能力	0.094	0.085	—	—
宣传教育	0.159*	0.089	0.144*	0.086
行为便利	0.207**	0.089	0.208**	0.085
清洁能源产品属性	0.163*	0.087	0.170**	0.085
了解支持政策	0.424***	0.115	0.436***	0.113
命令控制	-0.002	0.078	—	—

注：***、**、*分别表示0.01、0.05和0.1的显著性水平。

由表8-1可知，宣传教育对农户清洁能源应用程度有显著影响，在0.1的显著性水平上正向显著，说明宣传教育越好，农户清洁能源应用程度越高；可能的解释是，宣传教育力度越大，农户对清洁能源越了解，接触到清洁能源的益处越多，越愿意使用清洁能源，因此其清洁能源应用程度会越高。

行为便利对农户清洁能源应用程度有显著影响，在0.05的显著性水平上正向显著，说明行为便利性越好，农户清洁能源应用程度越高；可能的解释是，行为便利性越好，农户所拥有的使用清洁能源条件越好，使用清洁能源越便利，农户越愿意使用清洁能源，其使用清洁能源占能源消费的比重越大。

清洁能源产品属性在0.1的显著性水平上正向显著，说明清洁能源产品属性越好，农户清洁能源应用程度越高；可能的解释是，清洁能源产品越好用，服务和技术水平越高，农户使用清洁能源获得的益处越多，农户会更多使用清洁能源，清洁能源应用程度越高。

了解支持政策在0.01的显著性水平上正向显著，说明农户对清洁能源支持政策了解越多，其清洁能源应用程度越高；可能的解释是，农户对清洁能源支持政策的了解越多，使用清洁能源带来的政策福利对农户的吸引力越强，农户越倾向使用清洁能源，因此其清洁能源消费占比会上升。

由表8-1和表8-2可知，宣传教育每加强一个等级，会使农户清洁能源应用程度在 5% 以下的概率显著下降 0.027%；会使农户清洁能源应用程度为 20% ~40% 和 40% ~60% 的概率分别上升 0.017% 和 0.005%。

表 8-2　农户清洁能源应用程度影响因素的边际效应

自变量	5% 以下	5% ~20%	20% ~40%	40% ~60%	60% 以上
家中有 12 岁以下儿童	0.036	-0.006	-0.022	-0.006	-0.002
家中有 60 岁以上老人	0.010	-0.002	-0.007	-0.002	-0.001
受教育程度	0.005	-0.001	-0.003	-0.001	0.000
家庭年收入	-0.003	0.000	0.002	0.001	0.000
感知因素	0.012	-0.002	-0.007	-0.002	-0.001
行为能力	-0.016	0.002	0.010	0.003	0.001
宣传教育	-0.027*	0.004	0.017*	0.005*	0.001
行为便利	-0.035**	0.005	0.022**	0.006**	0.002*
清洁能源产品属性	-0.028*	0.004	0.017*	0.005*	0.001
了解支持政策	-0.072***	0.011	0.044***	0.013***	0.004**
命令控制	0.000	0.000	0.000	0.000	0.000

注：***、**、* 分别表示 0.01、0.05 和 0.1 的显著性水平。

行为便利每上升一个等级，会使农户清洁能源应用程度在 5% 以下的概率下降 0.035%；会使农户清洁能源应用程度为 20% ~40% 和 40% ~60% 的概率分别上升 0.022% 和 0.006%，同时还会使农户清洁能源应用程度为 60% 以上的概率上升 0.002%。

清洁能源产品属性每上升一个层次，会使农户清洁能源应用程度在 5% 以下的概率下降 0.028%；会使农户清洁能源应用程度为 20% ~40% 的概率上升 0.017%，也会使农户清洁能源应用程度为 40% ~60% 的概率上升 0.005%。

农户了解清洁能源支持政策每深入一个层次，会使农户清洁能源应用程度在 5% 以下的概率显著下降 0.072%；会使农户清洁能源应用程度为 20% ~40% 的概率上升 0.044%，也会使农户清洁能源应用程度为 40% ~60% 的概率上升 0.013%，同时还会使农户清洁能源应用程度在 60% 以上的概率上升 0.004%。

第四节　研究结论与政策启示

本书采用江西省 695 个农户实地调查数据，基于多元有序 Probit 模型研究农户清洁能源应用程度，得到主要结论是：宣传教育、行为便利、清洁能源产品属性、了解支持政策对农户清洁能源应用程度有显著正向影响。

本书结论具有以下政策含义：①通过集中宣讲、微信推送等方式增加农民清洁能源应用方面的知识，定期组织趣味性的宣传游戏活动，加强清洁能源支持政策的相关宣传。②组织以村小组为单位的技术小组，培训有相应技术基础的农户，建立兼业的农村清洁能源应用技术服务站，对参加技术学习的农户提供学习奖励，定期组织技术人员下乡培训。

第九章　农户清洁能源持续应用行为形成机制研究

第一节　引言

大力发展农村清洁能源是解决农村能源供给紧张、延缓气候环境变化的根本出路。由于农户应用清洁能源具有外部性，政府相继实施了一系列推进农村清洁能源发展的政策。在中央政策的推动下，截至2015年底，全国户用沼气达到4193.3万户，由中央和地方投资支持建成各类型沼气工程达到110975处（《全国农村沼气发展“十三五”规划》）。可见，我国农村清洁能源推进政策取得了一定效果。但我国农村清洁能源利用存在使用效率低的问题。蔡亚庆等（2012）研究发现，我国农村现存沼气池中正在使用的比例仅为76.5%，农户废弃不用沼气池的原因不是沼气池年久失修而停运，而是自身不愿意继续使用沼气，农村沼气池的总体使用效率也只有64.8%。因此，如何推进农户持续应用清洁能源已成为政府和学界普遍关注的话题。农户是农村清洁能源应用的主体，其持续应用行为受到哪些因素的影响？这些影响因素通过何种机制发生作用，又以何种次序先后作用于农户清洁能源持续应用行为？对这一系列问题的解答对于推进农户持续应用清洁能源，促进农村清洁能源发展，完善我国清洁能源推进政策有重要的现实意义。

现有文献对清洁能源应用行为的研究，主要是从户主及家庭特征、政策认知和心理感知、情境因素等方面研究居民或家庭对某一种清洁能源的初次应用行为（使用意愿、是否使用、是否购买）。例如，Kim 等（2014）研究韩国公众采纳太阳能技术的影响因素，发现系统质量、感知利益和信任对公众太阳能源技术采用态度有正向影响；太阳能源技术采用态度和满意度对公众采用技术意愿有正向影响，感知成本对采用技术意愿有负向影响。Das 等（2017）采用印度家庭样本研究得出，家庭收入水平对沼气的使用产生积极影响，富裕家庭更有可能采用沼气。Li 等（2015）研究表明，沼气池建设和服务系统质量差、沼气教育、政策支持不合理是制约沼气采用的因素。Muhammad Sukki（2011）认为，政府政策对推行居民住宅太阳能光伏发电有重要影响。郑军（2012）研究发现，政府投资比、配套资金落实情况、管理和服务情况、设施配套情况等对农户参与沼气建设意愿有显著影响。

以上研究从不同方面考察了居民或家庭清洁能源应用行为，得出了一些有益的研究结论，但至少还需在以下两个方面进行完善：一是现有文献主要集中于清洁能源初次采用行为的研究，对清洁能源持续应用行为的研究还较为不足；二是缺乏清洁能源持续应用行为形成机制研究，尤其缺少实证研究。鉴于此，本书在已有研究基础上，基于江西省 20 个县（市）的 695 份农户问卷调查资料，先运用计量经济学方法识别农户清洁能源持续应用行为的影响因素，再运用解释性结构模型（Interpretative Structural Model，ISM）解析各影响因素之间的相互关系与层次结构，探讨农户清洁能源持续应用行为的形成机制。

第二节 理论分析

农户应用清洁能源是一种技术采纳行为，可以将其视为一个从初次技术采纳到持续应用的过程，因此，本书借鉴国外信息技术接受方面的研究成果。Bhattacherjee（2001）提出信息系统持续使用模型，认为用户对系统的感知有用性对其持续使用意向有积极影响。已有研究表明，感知有用性是用户新技术采纳意愿的一个重要影响因素（López - Nicolás 等，2008；Nysveen 等，2005）。李宝杨

(2015）研究发现，农民工电子政务公共服务感知通过影响农民工的满意度，进而影响农民工电子政务公共服务持续采纳。用户满意度对其持续采用意图有影响已经在信息系统（Bhattacherjee，2001）或移动业务中（Park 和 Kim，2013）得到证实。Lai（2004）认为用户的满意度是影响用户持续应用某一系统和技术的主要因素。Delone 和 Mclean（1992，2003）提出信息系统成功模型，认为系统质量、信息质量和服务质量是影响用户对信息系统使用的因素。李后建（2012）研究表明，技术特征对农户循环农业技术采纳意愿有正向影响。因而，本章认为，农户应用清洁能源感知的有用性、初次应用清洁能源后的满意度、清洁能源产品属性对农户持续使用清洁能源有积极影响。

Bhattacherjee 将持续使用意愿扩展至持续使用行为，提出扩展的用户持续使用模型认为，自我功效（知觉行为控制感知）和促成因素对用户持续应用行为有影响。为了促进农村清洁能源发展，政府先后出台了户用沼气池修建补贴、太阳能热水器购买补贴以及建立清洁能源示范县等政策，这些激励政策对农户持续应用清洁能源会有促进作用。因此，本书认为，农户知觉行为控制感知和政府支持政策（政策认知、政策力度和清洁能源示范县）会影响农户的持续使用行为。

农户清洁能源应用行为也是一种环境行为，负责任的环境行为模型认为，环境问题知识、行动技能、行为策略知识和个体的个性变量会影响居民的环境行为意愿，但个体行为意愿不一定能转化为行为，因为个体人口统计因素、社会环保压力等外部情境变量也是促使环境行为实施的重要外因（Hines，1986）。已有研究表明，社会影响通过感知易用性间接地正向影响农户的生物质资源减碳化利用需求（何可等，2013）。李后建（2012）研究得出，随着农户收入或受教育程度的提高，社会影响、技术特征和知觉易用性对农户循环农业技术采纳意愿的作用程度会增强。因此，本书认为，社会影响、人口统计特征（受教育程度和家庭收入）都会影响农户清洁能源持续应用行为。

第三节　模型构建、数据与变量说明

一、模型选择

由于农户清洁能源持续应用行为是潜变量，采用因子分析方法得到，故本书选择多元回归分析方法研究农户清洁能源持续应用行为的影响因素。多元回归方程模型如下：

$$Y_i = \alpha + X'_i\beta + \varepsilon_i \tag{9-1}$$

式（9-1）中，α 表示常量，β 表示自变量回归系数，Y 表示农户清洁能源持续应用行为，X 表示可能影响农户清洁能源持续应用行为的因素；ε 表示误差项。

二、ISM 分析方法

解释结构模型（ISM）可以用于探究复杂系统的影响因素以及各影响因素间的层次结构。为了研究农户清洁能源持续应用行为各影响因素之间的层次结构，找出影响持续应用行为的直接因素和最根源因素，本书采用 ISM 分析方法解析影响因素之间的相互关系。

用 S_0 表示农户清洁能源持续应用行为，S_i（$i=1, 2, \cdots, n$）表示农户清洁能源持续应用行为的 n 个显著影响因素。根据环境行为和技术采纳行为专家对各要素之间逻辑关系的判断，构建要素的逻辑关系图，进而得到要素间的邻接矩阵 R。邻接矩阵 R 的元素 r_{ij} 定义公式为：

$$r_{ij} = \begin{cases} 1, & s_i \text{ 对 } s_j \text{ 有影响时} \\ 0, & s_i \text{ 对 } s_j \text{ 有影响时} \end{cases} \quad i=0, 1, \cdots, k; \ j=0, 1, \cdots, k \tag{9-2}$$

根据式（9-3）计算得到要素间的可达矩阵 M。

$$M = (R+I)^{n+1} = (R+I)^n \neq (R+I)^{n-1} \neq \cdots \neq (R+1)^2 \neq (R+I) \tag{9-3}$$

式（9-3）中，I 为单位矩阵，n 为幂，$2 \leqslant n \leqslant k$。

采用布尔运算法则对矩阵进行幂运算，最高层因素可通过式（9-4）和式

(9－5) 得到:

$$L_1 - \{S_i \mid P(S_i) \cap Q(S_i) = P(S_i),\ 1 = 1,\ 2,\ \cdots,\ k\} \tag{9-4}$$

式（9－4）中，$P(S_i)$ 为可达集，表示可达矩阵 M 中第 S_i 行中所有矩阵元素为“1”所对应的列要素的集合；$Q(S_i)$ 为先行集，表示可达矩阵 M 中第 S_i 列中所有矩阵元素为“1”所对应的行要素的集合。可达集 $P(S_i)$ 和先行集 $Q(S_i)$ 的表达如式（9－5）所示，其中，m_{ij}为可达矩阵 M 中的元素。

$$P(S_i)\ \{S_{i(行)} \mid m_{ij} = 1\},\ Q(S_i) = \{S_{i(列)} \mid m_{ij} = 1\} \tag{9-5}$$

根据式（9－4）和式（9－5）确定最高层要素集 L_1 后，从可达矩阵 M 中删除 L_1 层中的元素，得到新的可达矩阵 M_1。再对矩阵 M_1 进行式（9－4）和式(9－5)运算，得到第二层要素集合 L_2。以此类推，可得到第三层要素集合直至最后一层的要素集合。根据层次关系，使用有向边连接同一层次和相邻层次间的因素，便可得到各要素间的关联与层级结构。

三、数据来源与样本情况

由于江西省地区经济发展不平衡，为了使抽取的样本农户有代表性，课题组根据江西省 2010 年的农村居民人均纯收入（元），将江西省的所有县（市）分为四类，从每类中随机选取五个样本县，然后从每个样本县中随机抽取 4 个样本村进行问卷调查。本书所用数据来自课题组 2016 年 1～6 月对江西省 20 个县(区)、100 个村、800 个农户所做的分层随机抽样调查。共发放问卷 800 份，收回 794 份，剔除了数据缺失的问卷后，实际有效问卷为 695 份，问卷有效率为 87.5%。

农户样本中，从受教育程度来看，大部分户主只有初中及以下学历，高中及以上学历的户主只占全体样本的 32.2%，这与农民的文化程度普遍不高的事实相一致；从家庭年收入来看，家庭年收入在 3 万元及以下农户占总样本的比重为 36.69%，家庭年收入在 3 万～5 万元农户占总样本的比例为 30.5%，家庭年收入在 5 万元以上的农户占总样本的比重为 32.81%，表明样本户的收入结构较为合理；从绿色能源示范县来看，非绿色能源示范县农户占总样本的 76.41%，说明样本农户以非绿色能源示范县农户为主，这与江西绿色能源示范县较少的事实相吻合。

四、变量说明

本书将采用两种类型变量：潜变量和显变量。潜变量需要采用因子分析方法得到，显变量则直接取值。

（一）潜变量测量

（1）感知因素（有用性和易用性）（G）。借鉴 Taylor 和 Todd（1995）、李后建（2012）等研究成果，设计了三个条目。采用李克特五级量表，“完全不同意”至“完全同意”分别用“1”到“5”赋值。题项为“使用清洁能源有利于节约劳动力”“使用清洁能源方便、卫生”“学习使用清洁能源对我来说很容易”。信度分析结果显示，感知的有用性各测量题项的 α 值为 0.640，这表明数据有较高的可靠性。

（2）清洁能源产品属性（A）。借鉴岳婷（2014）的研究设计了三个条目，采用李克特五级量表，“非常差”至“非常好”分别用“1”到“5”赋值。题项为“应用清洁能源产品的质量和服务”“应用清洁能源产品的技术水平”“清洁能源产品的易获得性”。信度分析结果显示，清洁能源产品属性各测量题项的 α 值为 0.781，这表明数据有较高的可靠性。

（3）从众心理（S）。参考芈凌云（2011）的研究，结合概念设计三个条目，采用李克特五级量表，“完全不同意”至“完全同意”分别用“1”到“5”赋值。其题项为“我常常会购买朋友、亲戚或邻居都买的产品”“在日常消费中，我喜欢与周围的大多数人保持一致”“如果我周围的熟人都使用清洁能源，我也会使用”。信度分析结果显示，社会影响各测量题项的 α 值为 0.752，说明数据有较高的可靠性。

（4）知觉行为控制感知（Z）。借鉴岳婷（2014）的研究，根据实地调研结果设计了三个条目，采用李克特五级量表，“从不如此”至“总是如此”分别用“1”到“5”赋值。题项为“如果我尽力去做一件事，总是能够达到目标”“在遇到麻烦的时候，我能很快想到解决的办法”“我能应付任何出乎意料的事情”。信度分析结果显示，知觉行为控制感知各测量题项的 α 值为 0.742，表明数据有较高的可靠性。

（5）农户清洁能源持续应用行为（Y）。借鉴李宝杨（2015）的研究，根据实地调研结果设计了 2 个条目，采用李克特五级量表，“完全不同意”至“完全同意”分别用“1”到“5”赋值。题项为“我经常使用清洁能源（如沼气、太阳能）”“我持续使用清洁能源的时间很长”。信度分析结果显示，持续应用行为各测量题项的 α 值为 0.664，表明数据有较高的可靠性。

（二）显变量测量

根据前面的理论分析，本书引入的各显变量分别是：受访者受教育程度（小学及以下 =1；初中 =2，高中 =3，大专及以上 =4）、家庭年收入（1 万元及以下 =1，1 万 ~3 万元 =2，3 万 ~5 万元 =3，5 万 ~10 万元 =4，10 万元以上 =5）、位于绿色能源示范县（是 =1，否 =0）。初次应用后的满意度用农户初次应用清洁能源的满意度（很不满意 =1，比较不满意 =2，一般 =3，比较满意 =4，很满意 =5）表示；政策认知用农户是否了解清洁能源支持政策（很不了解 =1，不太了解 =2，了解一些 =3，非常了解 =4）来表示；政策力度用农户感知的清洁能源支持政策力度（很小 =1，比较小 =2，一般 =3，比较大 =4，很大 =5）来表示。

第四节　估计结果与讨论

一、估计结果

（一）农户清洁能源持续应用行为影响因素

运用 Stata12.0 软件，首先对本书的研究变量进行相关分析，结果显示（因篇幅所限，略），自变量之间的 Pearson 相关系数绝大部分均小于 0.370，在 0.1 的显著水平上，除了受教育程度与农户清洁能源持续应用行为的相关性不显著外，其余自变量均与农户清洁能源持续应用行为显著正相关。然后对模型可能存在的多重共线性进行检验。检验结果显示，模型各自变量的 VIF 值都小于 2，说明自变量间不存在明显的多重共线性问题。

对式（9 -1）进行回归分析，估计结果见表 9 -1。其中，模型 I 为所有解释变量都纳入方程的回归结果；模型Ⅱ为删除模型Ⅰ中影响不显著的知觉行为控制感知、政策力度和受教育程度3个解释变量后的回归结果。比较模型Ⅰ和模型Ⅱ的估计结果可知，这两个模型的拟合优度比较接近，分别为0.227和0.219，说明本书的回归模型有较强的解释力。由表9-1可知，在0.1的显著水平上，感知因素、初次应用后的满意度、清洁能源产品属性、从众心理、政策力度和家庭收入六个因素对农户清洁能源持续应用行为有显著影响。

表9-1 模型估计结果

自变量	模型Ⅰ		模型Ⅱ	
	系数	标准误	系数	标准误
感知因素	0.138***	0.038	0.136***	0.037
初次应用后的满意度	0.290***	0.043	0.291***	0.043
知觉行为控制	0.006	0.036	—	—
清洁能源产品属性	0.125***	0.038	0.127***	0.038
从众心理	0.075**	0.036	0.083**	0.036
政策认知	0.038	0.052	—	—
政策力度	0.070*	0.041	0.077*	0.039
绿色能源示范县	0.116	0.084	—	—
受教育程度	-0.033	0.035	—	—
家庭年收入	0.065**	0.032	0.052*	0.031
调整后的 R^2	0.227		0.219	

注：***、**、*分别表示在0.01、0.05和0.1的显著性水平。

（二）农户清洁能源持续应用行为形成机制的ISM分析

根据计量模型的估计结果，提取出六个对农户清洁能源持续应用行为有显著影响的因素，分别用 S_1、S_2、S_3、S_4、S_5、S_6 表示感知因素（有用性和易用性）、初次应用后的满意度、清洁能源产品属性、从众心理、政策力度和家庭年收入。在课题组成员讨论并咨询有关专家学者的基础上，确定上述六个影响因素的逻辑关系（见图9-1）。其中，“V”表示行因素对列因素有直接或间接影响，“A”表示列因素对行因素有直接或间接影响，“X”表示行因素与列因素相互影响。

A	A	A	A	V	S_1
A	A	X	A	S_2	
0	0	V	S_3		
A	A	S_4			
0	S_5				
S_6					

图 9－1　农户清洁能源持续应用行为影响因素间的逻辑关系

根据农户清洁能源持续应用行为影响因素间的逻辑关系（见图 9－1）以及式（9－2），得到要素间的邻接矩阵 R（略）。借助 Matlab7.1 软件，根据式（9－3）由要素间的邻接矩阵 R 计算得到可达矩阵 M，如式（9－6）所示。

$$M=\begin{array}{c}S_1\\S_2\\S_3\\S_4\\S_5\\S_6\end{array}\begin{bmatrix}1&1&0&1&0&0\\1&1&0&1&0&0\\1&1&1&1&0&0\\1&1&0&1&0&0\\1&1&0&1&1&0\\1&1&0&1&0&1\end{bmatrix}\tag{9-6}$$

根据可达矩阵 M，通过式（9－4）和式（9－5）得到最高层要素集 $L_1=\{S_1, S_2, S_4\}$，然后依次得到第二层的要素集 $L_2=\{S_3, S_5, S_6\}$。根据 L_1、L_2 将可达矩阵 M 的行与列重新排序得到骨干矩阵 N，如式（9－7）所示。

$$N=\begin{array}{c}S_1\\S_2\\S_4\\S_3\\S_5\\S_6\end{array}\begin{bmatrix}1&1&1&0&0&0\\1&1&1&0&0&0\\1&1&1&0&0&0\\1&1&1&1&0&0\\1&1&1&0&1&0\\1&1&1&0&0&1\end{bmatrix}\tag{9-7}$$

从式（9－7）可以看出，影响农户清洁能源持续应用行为的六个因素被分为两个层级。依据要素间的逻辑关系，采用有向边连接相邻层次间及同一层次的因素，得到农户清洁能源持续应用行为影响因素的关联与层级结构，即农户清洁能源持续应用行为的形成机制（见图9-2）。

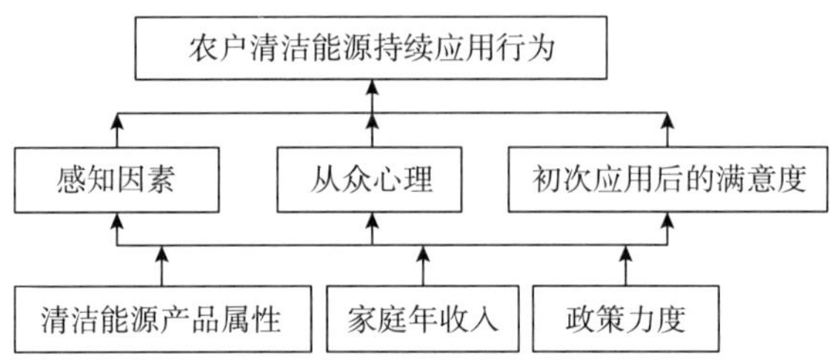

图9-2　农户清洁能源持续应用行为的形成机制

二、结果讨论

由图9-2可知，农户清洁能源持续应用行为发生机制为：深层根源因素影响直接驱动因素，直接驱动因素影响农户清洁能源应用持续行为。其中，清洁能源产品属性、政策力度和家庭年收入是深层根源因素；感知因素（有用性和易用性）、从众心理、初次应用后的满意度是直接驱动因素。

（一）直接驱动因素分析

“感知因素”的回归系数是0.138，并且通过了0.01统计水平显著性检验。这表明，在其他条件不变的情况下，农户感知应用清洁能源的有用性越大，使用越容易，其持续应用清洁能源的可能性越大。通过对农户的访谈，了解到农户选择应用清洁能源的主要原因是，应用清洁能源不仅方便、省钱，而且还比使用柴薪、煤健康。在清洁能源设施能够使用的情况下，他们会持续应用清洁能源。可能的解释是，农户在应用清洁能源的过程中，清洁能源服务组织能够切实帮助农民解决清洁能源应用过程中遇到的问题，农户就会认为应用清洁能源很划算，清洁能源应用技术又容易掌握，其持续应用的可能性也就越大。

农户初次应用清洁能源后的满意度的回归系数为0.290，在0.01统计水平上显著，表明农户初次应用清洁能源后的满意度对其持续应用行为有显著正向影响。调研发现，农户应用清洁能源达到其预期，或者比预期还要好，就更乐意继续使用清洁能源。但是，如果在应用过程中出现一些问题，即使能够及时得到解

决，但解决的成本高，农户也会放弃继续应用清洁能源。这主要是因为农户选择应用清洁能源时，如购买应用清洁能源的产品、修建了沼气池等，已经形成较高的投入成本，而持续应用清洁能源不仅不浪费前期的投入，还可以节约日常能源支出，因此，农户在应用后满意的情况下都会选择继续应用清洁能源。

"从众心理"的回归系数为0.075，且在0.05统计水平上显著。表明村干部、邻居、亲戚等农村社会网络人员对农户持续应用清洁能源有正向影响。该研究结论说明农户的环境行为受从众心理的驱动。农户应用清洁能源能够使其享受到更好的生态环境，具有正外部性。该特性决定了政府在制度安排上，需要对农户应用清洁能源给予政策支持。村干部、党员、邻居等持续应用清洁能源，能够增强农户应用清洁能源的信心，进而会更有效地促使其持续应用清洁能源。

（二）深层根源因素分析

"清洁能源产品属性"的回归系数为0.125，通过了0.01统计水平的显著性检验，说明清洁能源产品属性对农户持续应用清洁能源有显著正向影响。笔者在农村调查发现，有一部分已经应用清洁能源的农户因清洁能源产品故障，请维修人员上门服务困难，维修成本高，而不愿意继续使用清洁能源。可能的解释是，一方面，清洁能源产品质量越好，农户应用过程中出现故障的概率越低；另一方面，清洁能源产品的售后服务越好，在使用中出现故障时就越能够得到及时解决，农户就能够持续使用清洁能源，其持续使用的可能性就越大。

"政策力度"的回归系数为0.070，且通过了0.1统计水平的显著性检验，说明农户感知的政策力度对其持续应用行为有显著正向影响。通过对农户的深度访谈获悉，一些农户通过政府的清洁能源宣传政策知晓应用清洁能源有利于保护环境，已经应用了清洁能源，但在应用清洁能源过程中出现原料供给不足、维护等方面的困难，如果这些问题能够及时得到解决，这部分农户还在持续应用清洁能源。可能的解释是，政府的支持政策力度越大，清洁能源应用服务体系越完善，农户持续应用清洁能源成本越低，获得的服务越及时、越便利，其持续应用的可能性就越大。

"家庭年收入"的回归系数为0.065，且在0.05统计水平上显著。表明农户家庭年收入对其持续应用行为有正向影响。实地调研发现，具备安装太阳能热水器条件、家庭收入高的农户基本都已经购买太阳能热水器，并在持续使用。可能的解释是，相对于其他产品，清洁能源产品的价格通常会更高，高收入农户受经济约束小，更倾向于购买这些产品。另外，购买应用清洁能源的产品需要的前期投入较多，并且回报的周期长，已经使用清洁能源产品的高收入家庭持续应用的概率会更高。

综上可知，以上六个影响因素或独立发挥作用，或相互关联，构成了一个农户清洁能源持续应用行为影响因素系统，农户清洁能源持续应用行为形成机制路径表现为：清洁能源产品属性、家庭年收入和政策力度→感知因素（有用性和易用性）、初次应用后的满意度、从众心理→农户清洁能源持续应用行为。

第五节　研究结论与政策启示

本书采用江西省695个农户实地调查数据，基于解释性结构模型（ISM）研究农户清洁能源持续应用行为的形成机制，得到的主要结论如下：①农户清洁能源持续应用行为是由六个因素组成的具有两级层次结构的复杂系统所决定的，清洁能源产品属性、家庭年收入和政策力度是农户形成清洁能源持续应用行为的深层根源因素，感知因素（有用性和易用性）、初次应用后的满意度、社会影响是农户形成清洁能源持续应用行为的直接驱动因素。②农户清洁能源持续应用行为形成机制表现为：清洁能源产品属性、家庭年收入和政策力度→感知因素（有用性和易用性）、初次应用后的满意度、社会影响→农户清洁能源持续应用行为。

本书结论具有以下政策含义：①优先选择在收入水平较高的农村地区，通过集中宣讲、微信推送等方式增加农民清洁能源应用方面的知识，让农民认识到应用清洁能源在保护环境中所发挥的作用，增强农户的环境责任感，提高农户对应用清洁能源所带来的经济和环境效益的认知度，并将这一做法逐步向周围地区推广。②在清洁能源应用率比较低的乡镇，要积极引导村干部、党员、有影响力的农民率先应用清洁能源，充分发挥他们的示范效应，促使更多农户在从众心理的驱动下应用清洁能源。在清洁能源应用率比较高的乡镇，树立一些持续应用清洁能源的模范农户，通过表彰、宣传等方式营造持续应用清洁能源光荣的氛围，以激励更多农户持续应用清洁能源。③完善和优化基层农村清洁能源管理部门的考核评价指标，将清洁能源持续应用纳入考核范围，使基层农村清洁能源管理部门重视农户的清洁能源持续应用问题。④加大农村清洁能源支持政策力度，一方面，将更多应用清洁能源的产品纳入政府补贴的范围；另一方面，还需提高清洁能源政策的执行力，提升支持政策的激励效果，引导更多的农民实现“从不使用清洁能源到使用清洁能源，从初次使用到持续使用”的转变。

第十章　政策工具、政策力度对农户清洁能源持续应用行为影响研究

第一节　引言

为了发展农村清洁能源，政府相继出台了一系列推进农村沼气、太阳能和风能应用的政策措施，如户用沼气修建补贴政策、太阳能热水器购买补贴政策等。在这些政策的推动下，一些农户修建沼气池、购买太阳能热水器，开始使用清洁能源，但这只是推进农户初始应用清洁能源，要发展农村清洁能源需要农户的持续应用，有必要研究清洁能源政策对农户持续应用行为的影响。由于清洁能源政策的实施效果不仅取决于政策工具的选择，还依赖于政策力度。目前政府实施的清洁能源政策大多是自上而下的，农户对政策的满意度也会影响政策的实施效果。因此，深入研究政策工具、政策力度对农户清洁能源持续应用行为的影响以及政策满意度的中介作用，对于促进农村清洁能源发展有重要意义。

国内学者对农村清洁能源政策工具的实施效果进行了广泛研究，但主要集中在农村沼气。多数研究表明，政府的补贴政策有效促进了农村户用沼气池建设（郑军，2012），但是，农村户用沼气补贴政策并没有促进农户沼气使用效率的提高，相反，随着补贴比例的提高，已建成农户沼气池使用效率呈下降趋势（蔡亚庆等，2012）。还有学者对命令控制型政策的实施效果进行了研究，发现加大政府环境监督力度会显著提高规模化畜禽养殖场（户）建造沼气工程的概率（郭

晓，2012），要求规模养殖农户必须建沼气池的政策会显著促进沼气池建设（仇焕广等，2013）。已有研究存在以下不足：一是有关农户清洁能源应用的研究集中在清洁能源初始采纳方面，对采纳后的持续应用研究相对较少；二是已有政策实施效果方面的研究主要集中在政策工具，探究政策力度对农户持续应用行为影响的文献鲜见；三是已有清洁能源政策实施效果的研究主要从供给角度展开，从政策需求（农户）角度，研究农户政策满意度在政策工具、政策力度与农户持续应用行为关系中的中介作用的文献还很缺乏。基于此，本书采用江西省农户的调研数据，实证分析政策工具、政策力度对农户清洁能源持续应用行为的影响及政策满意度的中介作用，为政府完善和优化农村清洁能源推进政策提供决策参考。

第二节　研究假设

农户清洁能源持续应用行为是一种技术接受行为，可以将其视为一个从初次技术采纳到持续应用的过程，因此，本书可以借鉴国外有关技术接受方面的研究成果。根据技术接受的过程，从技术的初次使用与持续使用，可以将有关技术接受分为：用户初始技术采纳行为的模型与技术持续使用模型。Davis（1989）提出技术接受模型，认为外部变量（政策工具、政策力度、用户特征等）通过影响用户感知的易用性，进而对用户使用行为产生影响。Bhattacherjee（2001）提出了用户持续使用意向模型，认为用户感知的有用性积极影响其满意度，感知有用性和满意度积极影响用户持续使用意向，随后，Bhattacherjee 等（2008）又对模型进行了扩展，将持续使用意愿扩展至持续使用行为，提出用户持续使用模型。可见，外部变量（政策工具、政策力度、用户特征等）可以通过用户感知的有用性间接地影响用户满意度，用户的满意度是影响其持续使用行为的一个重要因素。农户清洁能源持续应用行为可视为一个从初次技术采纳到持续应用的过程，根据技术接受模型和信息系统持续使用模型，本章认为，外部变量（经济激励、命令控制政策、自愿活动和政策力度）通过农户感知的有用性影响农户的政策满意度，进而影响农户清洁能源持续应用行为。基于此，提出以下假设：

H1a：农户政策满意度在经济激励与农户清洁能源持续应用行为之间起中介作用。

H1b：农户政策满意度在命令控制政策与农户清洁能源持续应用行为之间起中介作用。

H1c：农户政策满意度在自愿活动与农户清洁能源持续应用行为之间起中介作用。

H2：农户政策满意度在政策力度与农户清洁能源持续应用行为之间起中介作用。

Bhattacherjee 等（2008）扩展的持续使用理论模型，认为促成因素直接影响用户的持续使用行为。为了促进农村清洁能源发展，近年来国家出台了一系列政策工具（经济激励、命令控制政策和自愿活动等），并且加大了政策力度促使农户持续应用清洁能源。因此，本文认为清洁能源政策（经济激励、命令控制和自愿活动）和政策力度会直接影响农户清洁能源持续应用行为，为此，提出以下假设：

H3a：经济激励对农户清洁能源持续应用行为有显著正向影响。

H3b：命令控制政策对农户清洁能源持续应用行为有显著正向影响。

H3c：自愿活动对农户清洁能源持续应用行为有显著正向影响。

H4：政策力度对农户清洁能源持续应用行为有显著正向影响。

第三节　研究设计

一、数据收集

本书所用数据来自课题组 2016 年 1 ~6 月对江西省农户的抽样调查。调查涉及江西省 20 个县（市）100 个乡镇，问卷调查了 794 个农户，其中有效问卷 695 份，有效率 87.5%。

二、变量测量

本书变量的测度均采用李克特五级量表法。农户问卷中的政策工具（经济激励政策、自愿活动和命令控制政策)、政策力度、政策满意度、清洁能源产品属性和农户清洁能源持续应用行为的评价从“1 = 完全不同意”到“5 = 完全同意”中做出选择。

(一)自变量

(1)政策工具。经济激励政策参考了 Stern(2001)的量表，根据我国农户实际情况设计了三个条目的量表，测量题项如:“使用清洁能源是为了省钱”。自愿活动根据实地调研结果自行开发，测量题项如:“若政府出资修建大中型沼气池，我愿意付费使用沼气”。命令控制根据农户的调研情况，自行设计了三个条目的量表，测量题项如:“好的宣传活动，会促使我购买使用清洁能源的产品”。

(2)政策力度。关于农户感知的政策力度操作化测量，国内已有相关文献鲜有论及。本书根据我国清洁能源政策实际情况，自行设计了三个条目的量表，测量题项如:“您认为政府对太阳能热水器的政策力度如何”。

(二)中介变量

政策满意度。根据对农户的调研发现，农户主要使用的是太阳能和沼气，本书从太阳能热水器补贴政策、修建沼气池补贴政策、沼气的后续服务政策、清洁能源宣传教育、技术培训和技术指导等方面，自行设计了七个条目的量表，测量题项如:“您对政府提供的清洁能源技术培训政策的总体评价”。

(三)因变量

清洁能源持续应用行为。根据农户持续应用清洁能源情况，自行设计了两个条目的量表。测量题项是“我经常使用清洁能源”“持续使用清洁能源的时间”。

(四)控制变量

控制变量主要包括清洁能源产品属性、户主的年龄、农户所处地形及农户家庭年收入四个指标。①清洁能源产品属性(SX)。清洁能源产品属性是根据岳婷(2014)的研究，设计了三个条目的量表，测量题项分别为:“应用清洁能源产品的服务和质量”“维护清洁能源设备或设施技术人员的水平”“使用清洁能源产品的质量和服务”。②户主的年龄(AGE)。户主的年龄采用虚拟变量来测量，35 岁以下用 1 表示，35 岁及以上用 0 表示。③农户所处地形(DX)。农户所处地形采用虚拟变量来测量，分别用 1、2 和 3 表示平原、丘陵和山区。④农户家庭年收入(INC)。采用农户 2014 年的家庭总收入表示家庭收入水平，将家庭年收入分为三类：3 万元以下、3 万 ~5 万元、5 万元以上，分别用 1、2、3 表示。

三、分析方法

（一）验证性因子分析

为了保证问卷的信度与效度，先采用验证性因子分析检验度量模型的构建效度，因子分析结果见表 10 - 1。由表 10 - 1 可知，政策工具（经济激励政策、自愿活动和命令控制政策）、政策力度、政策满意度、清洁能源产品属性和农户清洁能源持续应用行为的 Cronbach’s α 值均大于 0.65，CR 值都大于 0.8，这说明各度量题项的内部一致性较好，量表有较高的可信度。

（二）效度检验

采用验证性因素分析来研究量表的区分效度和聚合效度。借助 SPSS19.0 软件，采用标准化因子载荷、平均方差抽取量（AVE）和组合信度（CR）检验聚合效度，检验结果如表 10 - 1 所示。由表 10 - 1 可知，各潜变量对应分量表的 KMO 统计值均大于 0.5，检验结果的显著性水平均小于 0.001，这说明本量表适合进行因子分析。各变量的标准化因子载荷值均大于 0.69（ >0.5），各因子（潜变量）的平均抽取方差（AVE）都大于 0.55（ >0.5），说明各潜变量的聚合效度较好；各因子（潜变量）的组合信度（CR）值均大于 0.80（ >0.6），说明测量模型的构念信度良好，模型内在质量理想。因此，从整体上看，模型各变量均具有较好的聚合效度。

表 10 - 1　收敛效度分析结果

潜变量名称	编号	标准化因子载荷	KMO	AVE	Cronbach’s α 值	组合信度（CR）
持续应用（CX）	CX1	0.867	0.5	0.751	0.667	0.858
	CX2	0.867				
经济激励政策（JX）	JX1	0.8187	0.6314	0.675	0.750	0.861
	JX2	0.889				
	JX3	0.751				
命令控制政策（ML）	ML1	0.744	0.661	0.630	0.702	0.836
	ML2	0.810				
	ML3	0.824				

续表

潜变量名称	编号	标准化因子载荷	KMO	AVE	Cronbach's α 值	组合信度（CR）
自愿活动（ZY）	ZY1	0.727	0.641	0.597	0.657	0.816
	ZY2	0.818				
	ZY3	0.769				
政策力度（LD）	LD1	0.891	0.710	0.746	0.828	0.898
	LD2	0.855				
	LD3	0.844				
清洁能源产品属性（SX）	SX1	0.805	0.686	0.699	0.781	0.874
	SX2	0.873				
	SX3	0.827				
政策满意度（ZM）	ZM1	0.690	0.838	0.552	0.853	0.895
	ZM2	0.762				
	ZM3	0.781				
	ZM4	0.539				
	ZM5	0.798				
	ZM6	0.798				
	ZM7	0.797				

（三）模型设计

为了检验农户政策满意度的中介效应，根据 Baron 和 Kenny（1986）提出的中介效应模型及检验程序，将政策工具（经济激励政策、自愿活动和命令控制政策）、政策力度作为自变量，农户清洁能源持续应用行为作为因变量，农户政策满意度作为中介变量，被调查农户年龄、家庭年收入、所处地形、清洁能源产品属性作为控制变量，本书设置回归方程模型（10－1）～（10－3）：

$$CX_i = \alpha_1 + \beta_1 JX_i + \beta_1 ZY_i + \beta_3 XC_i + \beta_4 LD_i + \gamma_1 K_i + \varepsilon_1 \tag{10-1}$$

$$ZM_i = \alpha_2 + \beta_1 JX_i + \beta_2 ZY_i + \beta_3 XC_i + \beta_4 LD_i + \gamma_2 K_i + \varepsilon_2 \tag{10-2}$$

$$CX_i = \alpha_3 + \beta_1 JX_i + \beta_2 ZY_i + \beta_3 XC_i + \beta_4 LD_i + \beta_5 ZM_i + \gamma_4 K_i + \varepsilon_4 \tag{10-3}$$

其中，α 表示常量，β 表示系数，γ 表示系数矩阵，CX 表示农户清洁能源持续应用行为，JX、ZY、ML、LD、ZM 分别表示经济激励政策、自愿活动、命令控制政策、政策力度、政策满意度，K 表示控制变量（清洁能源产品属性、年龄、受教育程度、家庭年收入和所处地形)，ε 表示误差项。另外，本书采用 Sobel（1982）检验法，验证农户政策满意度的中介效应。其中，Sobel 检验假设自变量的中介效应呈正态分布，当 Sobel 检验的 Z 值大于 1.96 时，表明中介效应有显著性。

第四节　实证结果分析

一、描述性统计及相关系数矩阵分析

本书的主要研究变量的平均值、标准差以及 Pearson 相关系数如表 10－2 所示。结果表明，经济激励政策、自愿活动、命令控制政策、政策力度、政策满意度与农户清洁能源持续应用行为呈显著正相关性，政策满意度与命令控制政策是正相关关系显著（0.130)，与自愿活动正相关关系显著（0.173)，与政策力度显著正相关（0.559)。农户持续应用行为与政策满意度的正相关关系显著(0.194)。利用 SPSS19.0 对控制变量和自变量进行共线性诊断（VIF)，所有控制变量与自变量的 VIF 值都小于 2，说明自变量间不存在明显的多重共线性问题。

表 10－2　主要研究变量平均数、标准误及相关系数

	均值	标准误	CX	JX	ML	ZY	LD	ZM
CX	2.573	1.075	0.866					
JX	3.597	0.792	0.122***	0.821				
ML	3.530	0.712	0.175***	0.211***	0.793			
ZY	3.698	0.631	0.110***	0.181***	0.248***	0.772		
LD	2.600	0.801	0.174***	－0.02	0.131***	0.137***	0.863	
ZM	2.811	0.681	0.194***	－0.044	0.130***	0.173***	0.559***	0.748

注：***、**、*分别表示在 0.01、0.05 和 0.1 的显著性水平，对角线数字为该变量的 AVE 值平方根。

二、回归分析

表10-3是模型（1）至模型（3）的分析结果。从表10-3中的模型（1）可以看出，经济激励政策对农户清洁能源持续应用行为的回归系数为0.099（P<0.01），说明经济激励政策对农户持续应用行为有显著正向影响，H3a得到验证。命令控制对农户持续应用行为有显著正向影响（β=0.098，P<0.01），H3b得到验证。政策力度对农户持续应用行为有显著正向影响（β=0.069，P<0.1），H4得到验证。

表10-3 中介变量模型的检验结果

变量	持续应用行为	政策满意度	持续应用行为
	模型（1）	模型（2）	模型（3）
控制变量			
年龄	0.082	0.025	0.085
家庭年收入	0.077*	0.004	0.070
地形	0.032	0.012	0.022
清洁能源产品属性	0.255***	0.194***	0.246***
自变量			
经济激励	0.099***	-0.057	0.103***
命令控制	0.098***	0.033	0.098***
自愿活动	0.020	0.072**	0.015
政策力度	0.069*	0.474***	0.031
中介变量			
政策满意度			0.076*
F	13.66	44.68	12.55
Prob>F	0	0	0
R-squared	0.125	0.35	0.131

注：***、**、*分别表示在0.01、0.05和0.1的显著性水平。

模型（2）显示，自愿参与活动对农户政策满意度有显著正向影响（β=0.072，P<0.05）。政策力度对农户政策满意度有显著正向影响（β=0.474，

P<0.01)。清洁能源产品属性对农户政策满意度的回归系数为0.194，在0.01的水平上显著，说明清洁能源产品的质量、服务和技术水平越高，农户对清洁能源政策的满意度越高。

模型（3）在模型（1）的基础上加入中介变量政策满意度（ZM），从模型（3）的回归结果可以看出，加入中介变量政策满意度（ZM）后，自愿活动对农户清洁能源持续应用行为不再具有显著的影响，但是政策满意度（ZM）对农户清洁能源持续应用行为有显著正向影响，在0.1的水平上显著。中介作用检验结果表明，政策满意度在自愿活动与农户清洁能源持续应用行为之间起完全中介作用，H1c得到验证。也就是说，农户自愿参与活动不是直接对其清洁能源持续应用行为产生影响，而完全是通过农户的政策满意度来影响其清洁能源持续应用行为。因而，引导农户参与一些政府或组织举办的清洁能源方面的活动，有利于提高农户对清洁能源政策的认知和评价，进而促进农户持续应用清洁能源。

从模型（3）可见，在模型（1）的基础上加入中介变量政策满意度（ZM）后，政策力度对农户清洁能源持续应用行为不再有显著的影响，但是政策满意度（ZM）对农户清洁能源持续应用行为有显著正向影响，在0.1的水平上显著。中介作用检验结果表明，政策满意度对政策力度与农户清洁能源持续应用行为之间的关系起到完全中介作用，支持了H2。也就是说，政策力度对农户清洁能源持续应用行为的影响需要通过政策满意度这个路径发挥作用。因此，政府在实施清洁能源政策后，应该考虑农户对该项政策力度的满意程度，只有提高农户对清洁能源政策力度的满意度评价，加大政策力度才能推进农户持续应用清洁能源。

从模型（1）的回归结果可知，农户家庭年收入对其清洁能源持续应用行为有正向影响，在0.1的水平上显著，说明农户家庭年收入越高，农户越会持续应用清洁能源。从模型（3）的回归结果可见，清洁能源产品属性对农户清洁能源持续应用行为有正向影响，在0.01的水平上显著，说明清洁能源产品的质量、服务和技术水平越高，农户持续应用清洁能源的时间会越长。

为检验政策满意度对经济激励、命令控制与农户持续应用行为关系的中介效应是否显著，本书采用Sobel检验法进行了分析。Sobel检验结果显示，经济激励政策、命令控制政策Sobel检验的Z值分别为-1.201、0.857，均小于1.96，表明政策满意度对经济激励、命令控制与农户持续应用行为关系的中介效应均不显著。

第五节　研究结论

本书运用江西省 695 个农户调查数据，研究政策工具、政策力度对农户清洁能源持续应用行为的影响及政策满意度的中介作用，研究表明，不同政策工具对农户清洁能源持续应用行为产生差异性影响效应。具体而言，经济激励、命令控制政策均对农户清洁能源持续应用行为有直接的正向影响；政策满意度在自愿活动政策与持续应用行为中起完全中介作用。研究还发现，政策满意度在政策力度和农户清洁能源持续应用行为中起到完全中介作用。

基于以上结论提出以下政策建议：①政府要扩大支持农村可再生能源发展的资金规模，扩大购买应用清洁能源产品补贴的范围，加大产品购买补贴力度，对应用清洁能源的农户提供补助，对清洁能源应用服务体系提供资金支持，推动农户持续应用清洁能源。②加大我国可再生能源方面法律、法规的实施力度，充分发挥命令控制政策在推进农村清洁能源发展中的作用。③政府、企业或环保组织要在农村举办一些环境保护、清洁能源政策、清洁能源应用方面宣传活动，引导和激励农户自愿参与这些活动，使农户能够更好地了解我国的清洁能源政策，进一步提高农户的政策满意度。④国家在实施清洁能源政策的过程中，不仅要提高其政策力度，同时考虑农户对政策的满意度，两者保持一致才能更好地发挥政策效应。

第十一章　农户清洁能源政策满意度分析

第一节　引言

为了促进农村清洁能源发展，国家出台了一系列引导农户应用清洁能源的政策，农户对清洁能源政策的满意度评价会影响政府政策的实施效果。因此，研究农户清洁能源政策的满意度的影响因素，对于提高清洁能源政策实施效果，促进农村清洁能源发展有重要现实意义。

目前，农村清洁能源应用的研究从微观主体农户视角的研究以农户清洁能源应用行为的影响因素为主，其影响因素包括环境价值观和感知因素、心理因素、情境因素（经济激励、自愿活动、宣传教育、清洁能源产品属性）、农户户主特征和家庭特征等（滕玉华等，2017；仇焕广等，2015；张瑞英等，2014；蔡亚庆等，2012；朱立志和赵鱼，2012）。一些学者从农村公共政策角度研究农户满意度，发现农户政策认知水平、政策力度、农户家庭特征、政策执行环境都会影响其政策满意度（刘祥琪等，2012；付文凤等，2017；吴比等，2016）。

现有研究从理论和实证上识别了农户清洁能源应用意愿（或行为）的影响因素，据此制定以提高农户应用意愿为目标的政策体系，有助于政府加强对农户清洁能源应用行为的引导。农户是农村应用清洁能源的直接利益主体，农户对清洁能源政策满意度直接影响农村清洁能源发展的实施进程。而现有研究对清洁能源政策执行过程中农户对清洁能源政策满意度的关注较少，因此，本书从行为经济学视角构建农户清洁能源政策满意度影响因素的理论分析框架，基于江西省农户调查数据，运用多元有序 Probit 模型识别农户清洁能源政策满意度的影响因素及其程度，并提出促进农户清洁能源政策满意度提高的政策建议，为提升农村清洁能源政策实施效率提供参考。

第二节 研究假说

一、政策认知

农户对清洁能源的政策认知是指其对国家出台的清洁能源政策的知晓程度。政策宣传途径、方式、力度等会通过影响政策的宣传效果，进而影响农户对清洁能源政策的了解程度。为了推进农户应用清洁能源，国家出台了一系列政策（如太阳能热水器补贴政策、户用沼气池修建补贴政策以及完善沼气后续服务政策）要求地方政府做好宣传和解释工作，让农户充分了解应用清洁能源的目的。清洁能源政策的宣传工作做得越好，农户对清洁能源政策的了解程度越高，越能够切身领悟响应国家的清洁能源政策对于保护生态环境的作用，进而使农户对清洁能源政策的满意度越高。一些研究表明，农户的政策认知程度是影响其政策满意度的一个重要因素（付文凤等，2017；高名姿等，2017；钱忠好等，2016）。由此，本书认为农户对清洁能源应用政策了解程度越高，其对清洁能源应用政策满意度越高。

二、政策力度

政策力度是影响农户政策满意度的一个重要因素（胡芳肖等，2014；余亮亮和蔡银莺，2016；肖云等，2012）。农户应用清洁能源可能面临各种问题（如缺乏购买太阳能热水器的资金、修建的户用沼气池的后期维护等），不解决这些问题，会影响农户的政策感知。政府通过不断完善沼气后续服务体系、对购买太阳能热水器给予补贴、提供技术服务支持等政策，加大清洁能源政策实施力度，这有利于及时解决农户清洁能源应用过程中存在的问题，提升清洁能源政策的实施效果。为此，本书认为农户感知的清洁能源政策力度越大，其对清洁能源政策的满意度越高。

三、政策执行环境

学者研究发现政策执行环境对农户的满意度有显著影响。如刘祥琪等（2012）研究得出，被民政部门认定为贫困村对农民政策满意度存在负面影响，生活在城市郊区，可以提高农民的政策满意度。国家为了发展农村清洁能源，政府实施绿色能源示范县建设。绿色能源示范县是指经国家能源局、财政部和农业部共同认定，以开发利用绿色能源为主要方式解决或改善农村生活用能的县（市）。政府制定了《绿色能源示范县建设补助资金管理暂行办法》，支持绿色能源示范县建设。因此，本书认为位于清洁能源示范县对农户的政策满意度有正向影响。

四、家庭特征

已有研究表明，农户的家庭特征（家庭收入）会影响其政策满意度。如曹军会等（2017）研究发现，农户的家庭人均收入与家庭收入来源都会影响其对扶贫政策的满意度，农户的家庭经济水平会显著影响农村居民对财政支农政策实施效果的评价。田国双等（2018）认为家庭总收入对林区职工林业补贴政策满意度有负向影响。谢晋等（2017）研究得出，农户的金融资本（家庭年收入）会影响农户的农田保护补偿政策满意度。因此，家庭特征会影响农户对清洁能源政策的满意度。

第三节　数据来源、样本特征与模型选择

一、数据来源及样本特征

本书数据来自2015年12月至2016年6月课题组对江西省农户的问卷调查

数据。此次调查问卷共发放950份，回收问卷794份，其中有效问卷695份，有效率为87.5%。

在695份农户调查数据中，大部分被访者年龄在35岁以上，表明受访农户以中老年为主。家庭年收入在3万元以下的被访农户占36.69%，收入在3万~5万元的占30.50%，而收入在5万元以上的占32.81%，表明被访农户大部分收入较低。调查对象中来自清洁能源示范县的农户占23.60%，大部分被访者来自非清洁能源示范县。

二、清洁能源政策满意度评估方法及结果

农户对清洁能源政策是否满意直接关系到清洁能源政策的实施效果。本书将农户对清洁能源政策实施效果的满意度分为五个等级，分别用1、2、3、4、5代表“很不满意”“不太满意”“一般”“比较满意”“非常满意”。在此基础上，运用“清洁能源政策满意度”评价方法（Clean Energy Policy Satisfaction Index, CEPSI），即以对清洁能源感到“非常满意”和“比较满意”的人数占总调查人数的比例为清洁能源政策满意度的评价标准，衡量农户对清洁能源政策实施效果的认可度。测算公式如下：

CEPSI =（∑比较满意人数 + ∑非常满意人数）/∑调查人数

根据实地调研数据，采用清洁能源政策满意度的概念界定及估算方法，分析农户对清洁能源政策的满意度评价（见表11-1）。

表11-1　农户对清洁能源政策满意度评价统计

	很不满意	不太满意	一般	比较满意	非常满意	总计	CEPSI（%）
清洁能源政策满意度评价	30	129	383	141	12	695	22.01

由表11-1可知，农户对清洁能源政策的满意的比例仅为22.01%，表明农户对清洁能源政策的评价较低。因此，为了提高清洁能源政策的实施效果，农村清洁能源政策还有很大的改进空间。

三、计量模型

农户对清洁能源政策满意度评价属于连续多元有序变量，故本书采用多元有序 Probit 模型识别农户对清洁能源政策满意度评价的影响因素。

假设 $y^* = x\beta + \varepsilon$，其中 y^* 是不能被观测到的内在趋势，而 y_i 表示在（1，2，…，i）上取值的有序响应，x，β，ε 分别为模型的解释变量、待估计参数和随机干扰项。

$y=1$ 的概率为：$P(y=1 \mid x) = P(y^* > 0) = P(\varepsilon > -x\beta) = F(x, \beta)$

如果 $F(x, \beta)$ 为标准正态的累积分布函数，则：

$P(y = 1 \mid x) = F(x,\beta) = \phi(x\beta) \equiv \int_{-\infty}^{x\beta} \emptyset(t)\,dt$，该模型被称为 Probit 模型。关于 y_i 的有序 Probit 模型，其选择规则如下：

$$y_i = \begin{cases} 1, & y^* \leqslant r_1 \\ 2, & r_1 < y^* \leqslant r_2 \\ 3, & r_2 < y^* \leqslant r_3 \\ 4, & r_3 < y^* \leqslant r_4 \\ 5, & r_4 \leqslant y^* \end{cases}$$

其中，r_1、r_2、r_3、r_4 为待估计参数，且 $r_1 < r_2 < r_3 < r_4$，称之为切点（Cutoff Points）。

假设 $\varepsilon \sim N(0, 1)$，则有：

$P(y=1 \mid x) = P(y^* \leqslant r_1 \mid x) = P(x\beta + \varepsilon \leqslant r_1 \mid x) = P(\varepsilon \leqslant r_1 - x\beta \mid x) = \phi(r_1 - x\beta)$ $P(y=2 \mid x) = P(r_1 < y^* \leqslant r_2 \mid x) = P(y^* \leqslant r_2 \mid x) - P(y^* < r_1 \mid x) = P(x\beta + \varepsilon \leqslant r_2 \mid x) - \phi(r_1 - x\beta)$

同理可得：

$P(y=3 \mid x) = \phi(r_3 - x\beta) - \phi(r_2 - x\beta)$

$P(y=4 \mid x) = \phi(r_4 - x\beta) - \phi(r_3 - x\beta)$

$P(y=5 \mid x) = 1 - \phi(r_4 - x\beta)$

本书构建的多元有序 Probit 模型如下：

$$Y^* = \alpha_0 + \alpha_1 R + \alpha_2 C + \alpha_3 Z + \alpha_4 B + \mu \quad (11-1)$$

式（11－1）中，i 表示第 i 个农户；R 表示农户个体特征，包括年龄、受教育程度；C 表示区域特征，包括居住地地形、交通条件；Z 表示应用行为；L 和 B 分别表示政策认知和政策力度；μ 表示随机误差项。

四、变量设定

根据现有文献研究结论，结合实地调查，本书选取了五大类（农户个体特征、区域特征、应用行为、政策认知及政策力度）共七个解释变量。表 11－2 提供了所选取变量的定义、赋值及统计性描述。

表 11－2　变量定义和统计性描述

变量名称		定义及取值	均值	标准差
个体特征	年龄	35 岁以上 =1；其他 =0	0.683	0.466
	受教育程度	小学及以下 =1；初中 =2；高中及以上 =3	2.073	0.760
区域特征	居住地地形	是否平原（以丘陵地形为参照组）：是 =1；否 =0	0.242	0.428
		是否山区（以丘陵地形为参照组）：是 =1；否 =0	0.208	0.406
	交通条件	很差 =1；较差 =2；一般 =3；较好 =4；很好 =5	3.189	0.748
应用行为	应用沼气	已经应用 =1；未应用 =0	0.097	0.296
政策认知	对清洁能源应用政策的了解	很不了解 =1；不太了解 =2；了解一些 =3；非常了解 =4	2.255	0.688
政策力度	感知的清洁能源政策力度	很小 =1；比较小 =2；一般 =3；比较大 =4；很大 =5	2.549	0.892

第四节　实证结果与分析

本书运用 Stata11.0 统计软件，对 695 个实地调查样本数据进行多元有序 Probit 模型处理，模型估计结果见表 11－3。

表 11-3 农户清洁能源应用政策满意度影响因素模型回归结果

变量	系数	标准误	Z 值	P 值
年龄	-0.094	0.108	-0.870	0.384
受教育程度	-0.069	0.067	-1.030	0.301
平原地形	-0.086	0.110	-0.780	0.436
山区地形	0.159	0.108	1.470	0.141
交通条件	0.215***	0.060	3.570	0.000
应用沼气	0.107	0.146	0.740	0.462
对清洁能源支持政策的了解	0.421***	0.067	6.300	0.000
感知的清洁能源政策力度	0.571***	0.054	10.500	0.000
Log likelihood	-689.954			
最大似然比（LR）	233.590			
伪（Pseudo）R^2	0.145			

注：*** 表示在 0.01 的显著性水平。

一、农户清洁能源应用政策满意度影响因素分析

（1）交通条件对农户评价清洁能源应用政策满意度有重要影响。从模型回归结果看，交通条件在 0.01 的水平上显著且系数符号为正。这表明，在其他条件不变的情况下，农户所处村庄的交通条件越好，其对清洁能源应用政策满意度评价越高。可能是因为，交通条件好的农户，技术人员下乡进行指导与服务较为方便，交通便利的农户获得政府提供的支持政策（户用沼气池的后续服务、使用清沽能源的技术培训、应用清洁能源的技术指导等）需付出的代价较小，相比交通条件差的农户，其对清洁能源政策满意度更高也在情理之中。

（2）农户对清洁能源支持政策的了解对其评价清洁能源应用政策满意度有重要影响。从模型回归结果看，对清洁能源支持政策的了解在 0.01 的水平上显著且系数为正。说明农户越了解国家清洁能源支持政策，其对清洁能源应用政策的满意度越高。原因在于，农户对于国家推进的清洁能源应用政策了解程度越高，其越能了解政府政策的目的，越能够切身体会应用清洁能源对保护环境的意义，从而对清洁能源应用政策感到满意。

（3）农户感知的清洁能源政策力度对其评价清洁能源应用政策满意度有重要影响。从模型回归结果看，感知的清洁能源政策力度在0.01的水平上显著且系数为正。说明农户感知的清洁能源政策力度越大，其对清洁能源政策越满意。原因可能是，政府完善沼气后续服务体系、对购买太阳能热水器进行补贴、提供技术服务支持能够在很大程度上减轻农户压力，农户对政策的满意度就更高。

二、稳健性检验

本书利用后续补充调查得来的158份样本数据与原始调查的695份样本数据合并，并采取多元有序Probit回归模型进行稳健性检验，结果见表11－4。由表11－4可知，表11－3和表11－4在变量显著情况与影响方向上都未发生改变，且Pseudo R^2 相差不大，模型的拟合效果尚可。

表11－4　稳健性检验估计结果

变量	系数	标准误	Z值	P值
年龄	－0.082	0.097	－0.840	0.398
受教育程度	－0.037	0.061	－0.620	0.537
平原地形	－0.069	0.098	－0.700	0.483
山区地形	0.141	0.102	1.380	0.168
交通条件	0.228***	0.055	4.180	0.000
应用沼气	0.096	0.133	0.730	0.468
对清洁能源支持政策的了解	0.403***	0.062	6.500	0.000
感知的清洁能源政策力度	0.602***	0.051	11.910	0.000
Log likelihood	－811.615			
最大似然比（LR）	288.530			
伪（Pseudo）R^2	0.151			

注：***表示在0.01的显著性水平。

三、边际效应分析

表11－3的估计结果仅给出了各解释变量对农户清洁能源应用政策满意度影响的显著性与作用方向，而无法知道各解释变量对满意度的影响程度。为了解各

解释变量对因变量的实际影响程度，本书在进行多元有序 Probit 回归的基础上，列出了解释变量的边际效应（见表 11－5）。根据边际分析可知，各解释变量都会显著影响农户清洁能源应用政策满意度的相应层次。

表 11－5　边际效应分析估计结果

变量	满意度的五个程度				
	很不满意	不太满意	一般	比较满意	非常满意
交通条件	－0. 0094 ***	－0. 0485 ***	0. 0022	0. 0526 ***	0. 0031 ***
对清洁能源支持政策的了解	－0. 0184 ***	－0. 0949 ***	0. 0043	0. 1029 ***	0. 0061 ***
感知的清洁能源政策力度	－0. 0250 ***	－0. 1289 ***	0. 0058	0. 1397 ***	0. 0083 ***

注：*** 表示在 0. 01 的显著性水平。

具体而言，农户自评的所处村庄交通条件每提高一个等级，会让其报告对清洁能源应用政策“很不满意”的可能性下降 0. 94%，让报告“不太满意”的可能性下降 4. 85%，而让报告“比较满意”的可能性上升 5. 26%；农户对清洁能源支持政策的了解程度每提高一个等级，会让其报告对清洁能源应用政策“不太满意”的可能性下降 9. 49%，让报告“比较满意”的可能性提高 10. 29%；农户感知的清洁能源政策力度每提高一个等级，会让其报告对清洁能源应用政策“不太满意”的可能性显著下降 12. 89%，让报告“比较满意”的可能性提升 13. 97%。总的来说，在其他条件不变的情况下，交通条件的提高、农户对清洁能源支持政策了解程度的提高、感知的清洁能源政策力度的提高，都会让农户“满意”的可能性上升，“不满”的可能性下降。

第五节　研究结论与政策启示

本书利用 2015 年 12 月到 2016 年 5 月江西省实地调查数据，对农户的清洁能源应用政策满意度进行了评价，运用多元有序 Probit 模型，研究了农户对清洁能源政策满意度评价的影响因素。研究结果表明：农户对清洁能源应用的总体政策满意度评价不高；影响农户对清洁能源应用政策满意度评价的因素主要有交通条件、对清洁能源支持政策的了解、感知的政府对清洁能源的政策支持力度。

根据以上研究结果，本书提出以下政策建议：①对于交通条件较差的农户，应当给予其更多清洁能源的技术支持，完善沼气、太阳能热水器等产品的售后服务政策，提高农户清洁能源应用政策满意度。②政府应做好清洁能源政策的宣传工作，在扩大宣传范围的同时采用新型宣传方式，让更多农户了解政策具体信息，减少农民因不了解政策而不满意该政策的情况。③进一步完善清洁能源政策，完善补贴程序，加大政策支持力度，帮助农民解决因缺乏资金而导致的购买清洁能源产品难的问题，提高其政策满意度。

第十二章　农户对清洁能源政策评价与政策需求研究

第一节　农户对清洁能源政策认知和政策力度分析

为了促进农户应用清洁能源，政府出台了户用沼气池修建补贴、太阳能热水器购买补贴政策以及完善户用沼气池的后续服务政策等。课题组在调查问卷中设计了农户的政策认知和政策感知测量题项。

一、农户对清洁能源政策认知

农户对清洁能源政策的了解程度不仅会影响农户的清洁能源应用意愿，还会影响清洁能源政策的实施效果。由表 12－1 可知，农户对清洁能源政策的了解程度非常低，有 51.08% 的农户对清洁能源还不太了解，非常了解的农户只占 1.87%，有 33.96% 的农户仅了解一些。

表 12－1　农户对清洁能源政策的了解程度

了解程度	人数	占比（%）
很不了解	91	13.09
不太了解	355	51.08
了解一些	236	33.96
非常了解	13	1.87

农村目前使用的清洁能源主要是太阳能和沼气，农户对太阳能热水器购买补贴、户用沼气池修建补贴的政策的了解程度见表 12－2。由表 12－2 可知，了解太阳能热水器购买补贴政策的农户只占 29.35%，了解户用沼气池修建补贴政策的农户所占比重更小，还不到 20%。可见，政府还需加大太阳能、沼气补贴政策的宣传力度。

表 12－2 农户对太阳能热水器购买补贴、户用沼气池修建补贴政策的了解程度

	太阳能热水器购买补贴政策		户用沼气池修建补贴政策	
	是	否	是	否
人数	204	491	136	559
占比（%）	29.35	70.65	19.57	80.43

二、农户感知的清洁能源政策力度

农户感知的清洁能源政策力度不仅关系到农户清洁能源应用意愿，还关系到政策的实施效果。由表 12－3 可知，农户感知的清洁能源政策支持力度比较小，这说明清洁能源政策力度与农户对政策的预期还存在一定差距。感知“很小”的农户占 14.24%，“比较小”的农户占 28.2%，“比较大”和“很大”的农户占 10.94%，而选择“一般”的农户占绝大多数，占到 46.62%。从不同类别清洁能源政策力度来看，对于沼气支持政策力度，农户感知户用沼气池修建补贴政策“比较大”和“很大”的农户占 11.66%，而感知“很小”和“比较小”的农户占 47.05%，表明农户感知户用沼气池修建补贴政策支持力度偏小。对于太

表 12－3 农户感知的清洁能源政策力度

	清洁能源政策支持力度		沼气政策支持力度		太阳能政策支持力度	
	人数	占比（%）	人数	占比（%）	人数	占比（%）
很小	99	14.24	109	15.68	89	12.81
比较小	196	28.2	218	31.37	162	23.31
一般	324	46.62	287	41.29	301	43.31
比较大	66	9.5	74	10.65	131	18.85
很大	10	1.44	7	1.01	12	1.73

阳能政策支持力度，感知“很小”和“比较小”的农户占36.12%，而农户感知太阳能热水器补贴政策“比较大”和“很大”的农户占20.58%。虽然农户感知的太阳热水器补贴政策比较小的占比明显低于户用沼气池修建补贴政策支持力度，但是农户感知的太阳能政策以及沼气政策力度都比较小。

三、农户对清洁能源支持政策评价

为了了解农户对清洁能源支持政策的满意度，课题组通过访谈，发现农户无论是对政府支持政策的总体评价还是对各项具体清洁能源支持政策的评价都不高。由表12-4可知，有77.99%的农户对清洁能源支持政策的满意度评价为“一般”及以下水平，有20.29%的农户满意度评价为“较高”，仅有1.73%的农户满意度评价为“很高”。对于分项政策的评价，分别有11.65%和11.22%的农户对“技术指导政策”和“应用宣传政策”的满意度评价为“很低”，分别有26.18%和21.73%的农户对“太阳能热水器补贴政策”和“技术培训”的满意度评价为“比较低”和“很低”。

表12-4　农户对清洁能源支持政策评价

评价项目	评价情况					
户用沼气池补贴政策	满意程度	1	2	3	4	5
	占比（%）	6.62	28.35	45.9	16.98	2.16
沼气后续服务政策	满意程度	1	2	3	4	5
	占比（%）	8.92	30.65	44.75	13.38	2.3
太阳能热水器补贴政策	满意程度	1	2	3	4	5
	占比（%）	5.9	20.14	47.77	23.45	2.73
技术培训政策	满意程度	1	2	3	4	5
	占比（%）	5.61	26.62	46.04	19.28	2.45
应用宣传政策	满意程度	1	2	3	4	5
	占比（%）	11.22	29.5	43.02	13.81	2.45
技术指导政策	满意程度	1	2	3	4	5
	占比（%）	11.65	27.05	45.76	11.65	3.88
清洁能源支持政策总体评价	满意程度	1	2	3	4	5
	占比（%）	4.32	18.56	55.11	20.29	1.73

注：“1”表示很不满意，“2”表示不太满意，“3”表示一般，“4”表示比较满意，“5”表示很满意。

第二节 农户对清洁能源政策需求优先序分析

为了分析农户对清洁能源政策需求优先序，课题组在问卷中设计了一个小问题，即对于应用清洁能源，您认为最需要政府在哪方面的支持？从提供应用清洁能源的技术培训、提供修建清洁能源设施的信贷支持、提供应用清洁能源相关信息、提供应用清洁能源后续服务、对购买应用清洁能源的产品提供补贴、对持续应用清洁能源给予奖励方面设置了六个选项，要求被访者按照重要程度选择最需要的三项。

根据课题组调查情况，本书将农户所需求的清洁能源政策归纳为：提供应用清洁能源的技术培训（下文简称“提供技术培训”）、提供修建清洁能源设施的信贷支持、提供应用清洁能源相关信息、提供应用清洁能源后续服务（下文简称“提供后续服务”）、对购买使用清洁能源的产品提供补贴（下文简称“提供购买补贴”）、对持续应用清洁能源给予奖励。调查问卷中要求农户选择最需要的前三项清洁能源政策并进行排序。根据问卷调查结果，借助 SPSS19.0 软件，先计算出这六项清洁能源政策在不同位次上出现的频数，再按照排在第一位至第三位分别赋予 3、2、1 的权重，采用加权统计频数累计求和，这六项清洁能源政策在不同位次的计算结果见表 12－5。

表 12－5 农户对清洁能源政策需求总体统计

代码	政策内容	第一位	第二位	第三位	得分
1	提供应用清洁能源的技术培训	217	64	92	871
2	提供修建清洁能源设施的信贷支持	102	106	28	546
3	提供应用清洁能源相关信息	70	96	67	469
4	提供应用清洁能源后续服务	78	170	173	747
5	对购买使用清洁能源产品提供补贴	160	155	143	933
6	对持续应用清洁能源给予奖励	55	85	173	508

由表 12－5 可知，在第一位次上出现最多的是提供应用清洁能源的技术培训，出现了 217 次，其次是对购买使用清洁能源产品提供补贴，出现了 160 次，最后是提供修建清洁能源设施的信贷支持，出现了 102 次。在第二位次上出现最多的是提供应用清洁能源后续服务，出现了 170 次，随后依次是对购买使用清洁能源产品提供补贴、提供修建清洁能源设施的信贷支持。在第三位次上出现最多的是提供应用清洁能源后续服务和对持续应用清洁能源给予奖励，均出现了 173 次，其次为对购买使用清洁能源产品提供补贴，出现了 143 次，最后为提供应用清洁能源的技术培训，出现了 92 次。从表 12－5 中的总得分来看，排在前三位的依次是：对购买使用清洁能源产品提供补贴、提供应用清洁能源的技术培训和提供应用清洁能源后续服务。

第三节　农户应用清洁能源的困难次序分析

为了分析农户应用清洁能源面临的困难次序，课题组在问卷中设计了两个小问题：一是对于应用沼气，您面临的最主要困难有哪些？从缺乏资金、难以获得后续管理服务、缺乏技术指导、缺乏维护管理技术、难以获得维护管理服务、沼气池产气量不稳定、建设成本高、没有建设用地方面设置了八个选项，要求被访者按照困难程度选择最困难的三项。二是对于应用太阳能，您面临的最主要困难有哪些？从没有支付能力、后续服务跟不上、缺乏维护人才、缺乏技术指导、产品技术不成熟、使用不方便、没有安装太阳能热水器的条件设置了七个选项，要求被访者按照困难程度选择最困难的三项。

一、农户应用沼气困难次序分析

为了分析农户面临的应用沼气的困难次序，本书在调查问卷设计中，将农户应用沼气所面临的困难主要分为以下八类：缺乏资金、难以获得后续管理服务、缺乏技术指导、缺乏维护管理技术、难以获得维护管理服务、沼气池产气量不稳定、建设成本太高以及没有建设用地。要求调查对象按照自己的实际感受，在这八项困难中选出最困难的三项，并对其进行排序，即第一位为农户认为最困难的，第二位为第二困难，第三位同理。将排在第一位至第三位的分别赋予3、2、1的权重，采用加权统计频数累计求和，统计这八项困难在不同位次出现的计算结果，见表12－6。

由表12－6可知，在最困难的第一位次上出现最多的是缺乏资金，出现了231次，然后是难以获得后续管理服务，出现了124次，再次是缺乏技术指导；出现次数最少的是建设成本太高，出现了28次。在第二位次上出现最多的是缺乏技术指导，为166次，次之是缺乏维护管理技术，出现了127次，再次是难以获得后续管理服务，出现了107次；出现次数最少的是没有建设用地，出现了35次。在第三位次上出现最多的是难以获得维护管理服务，出现了99次，随后为缺乏技术指导，出现了96次；出现次数最少的是缺乏资金，出现了35次。从表12－6中的总得分情况来看，排在前三位的应用困难分别是：缺乏资金、缺乏技术指导、难以获得后续管理服务。

表12－6　农户应用沼气困难次序统计

编号	应用困难	第一位	第二位	第三位	总得分
1	缺乏资金	231	43	35	814
2	难以获得后续管理服务	124	107	73	659
3	缺乏技术指导	100	166	96	728
4	缺乏维护管理技术	30	127	91	435
5	难以获得维护管理服务	31	56	99	304
6	沼气池产气量不稳定	60	71	91	413
7	建设成本太高	28	53	75	265
8	没有建设用地	54	35	59	291

二、农户应用太阳能困难次序分析

本书将农户应用太阳能所面临的困难分为：没有支付能力、后续服务跟不上、缺乏维护人才、缺乏技术指导、产品技术不成熟、使用不方便、没有安装太阳能热水器的条件。调查员要求被访农户在上述七项困难中按照困难程度选择自己感觉最困难的三项，并进行排序。最后，对排在第一位至第三位的分别赋予3、2、1的权重，采用加权统计频数累计求和，这七项困难在不同位次的计算结果见表12－7。

由表12－7可知，在第一位次上出现最多的是后续服务跟不上，出现了171次，其次是没有支付能力，出现了168次，最后是缺乏维护人才，出现了108次。在第二位次上出现最多的是缺乏技术指导，出现了169次，随后依次是缺乏维护人才、后续服务跟不上。在第三位次上出现最多的也是缺乏技术指导，出现了120次，其次为后续服务跟不上，出现了88次，最后为缺乏维护人才，出现了85次。从表12－7中的总得分来看，排在前三位的依次是：后续服务跟不上、缺乏维护人才和缺乏技术指导。

表12－7　太阳能应用困难次序统计

编号	应用困难	第一位	第二位	第三位	总得分
1	没有支付能力	168	25	25	579
2	后续服务跟不上	171	132	88	865
3	缺乏维护人才	108	152	85	713
4	缺乏技术指导	69	169	120	665
5	产品技术不成熟	47	56	78	331
6	使用不方便	34	49	64	264
7	没有安装太阳能热水器的条件	45	44	69	292

第十三章　研究结论与政策建议

农户清洁能源应用行为既可以视为一种环境行为，也可看作一种技术采纳行为。本书在已有研究成果的基础上，将农户清洁能源应用行为视为一个“外部情境因素—内部心理因素—农户清洁能源应用行为”的过程，在环境行为理论和技术接受模型基础上，构建了农户清洁能源应用行为的一个理论分析框架。运用江西省农户调查数据，实证研究农户应用清洁能源的形成机制。

第一节　主要研究结论

一、农户清洁能源应用意愿分析的主要结论

从总体意愿和分类意愿两个角度，研究农户清洁能源应用意愿的影响因素，研究得出以下结论：

（1）心理因素对农户应用清洁能源总体意愿的作用路径存在差别。从众心理、感知有用性、环境价值观和环境责任感都会影响农户应用清洁能源总体意愿，其中，从众心理通过影响农户感知的有用性，间接地影响农户应用清洁能源总体意愿，农户感知有用性、环境价值观和环境责任感直接影响应用清洁能源总体意愿。

（2）农户清洁能源三种应用意愿（使用意愿、投资意愿、购买意愿）的影响因素存在差异。家中有60岁以上老人、环境责任感、感知的行为控制对农户清洁能源三种应用意愿均有重要影响；婚姻状况、环境价值观、经济激励政策只

对农户的清洁能源使用意愿有显著的正向影响；从众心理对农户清洁能源投资意愿、购买意愿都有显著的正向影响；行为便利仅对农户清洁能源投资意愿有显著的负向影响；感知因素也只对农户清洁能源购买意愿有显著的负向影响。

二、农户清洁能源初次应用行为分析的主要结论

从农户购买行为和使用行为两个维度，研究农户清洁能源初次应用行为的影响因素，研究得出以下结论：

（1）农户清洁能源购买行为与使用行为的影响因素存在差异。经济激励政策、生态价值观、感知因素（有用性和易用性）、行为便利对农户清洁能源购买行为有显著正向作用。感知因素（有用性和易用性）、从众心理对农户清洁能源使用行为有显著正向影响。

（2）不同因素对农户清洁能源购买行为的作用路径及影响程度存在差异。从作用路径来看，实证研究得出的结论如下：①经济激励政策不仅直接影响农户清洁能源购买行为，也通过农户感知因素、生态价值观间接地影响农户清洁能源购买行为。经济激励政策促进农户清洁能源购买行为的三条路径分别为：经济激励→农户清洁能源购买行为；经济激励→感知因素→农户清洁能源购买行为；经济激励→农户生态价值观→农户清洁能源购买行为。②行为便利、农户生态价值观、感知因素（有用性和易用性）均直接对农户清洁能源购买行为有显著正向影响。③自愿活动对农户生态价值观、感知因素均有显著的正向影响。④农户生态价值观在情境因素（经济激励、自愿活动）与农户清洁能源购买行为之间起到完全中介效应。也就是说，情境因素（经济激励、自愿活动）通过生态价值观间接正向影响农户清洁能源购买行为。

从影响程度来看，实证研究得出的结论是：对农户清洁能源购买行为影响最大的变量是经济激励政策，随后依次是感知因素、生态价值观和行为便利。

（3）不同因素对农户清洁能源使用行为的作用路径存在差异。从作用路径看，实证研究得出的结论如下：①农户感知因素（有用性和易用性）、行为便利和从众心理均对农户清洁能源使用行为有直接的显著正向影响。②农户感知因素（有用性和易用性）在情境因素（经济激励、自愿活动、宣传教育、清洁能源产品属性）与农户清洁能源使用行为之间起到完全中介效应。也就是说，情境因素

（经济激励、自愿活动、宣传教育、清洁能源产品属性）不是直接影响农户清洁能源使用行为，而是完全通过农户感知因素（有用性和易用性）间接的正向影响农户清洁能源使用行为。情境因素正向影响农户清洁能源使用行为的路径为：情境因素（经济激励、自愿活动、宣传教育、清洁能源产品属性）→感知因素→农户清洁能源使用行为。

从影响程度看，实证研究得出的结论是：对农户清洁能源使用行为影响最大的变量是农户的行为便利，其次是感知因素，最后是从众心理。

三、农户清洁能源应用意愿与行为一致性分析的主要结论

在695个样本农户中，有接近40%的农户清洁能源应用意愿与应用行为不一致。从婚姻状况来看，有81%的已婚农户清洁能源应用意愿与实际行为是一致的；从家庭结构来看，家中有60岁以上老人的农户的应用意愿与实际行为一致的比例约为63%；从家庭收入来看，家庭收入在1万~5万元的农户应用意愿与实际行为一致的比例达到59%。婚姻状况、家中有60岁以上老人、家庭年收入、农户感知的支持政策力度和社会规范对农户清洁能源应用意愿与应用行为一致性有重要影响；农户感知的支持政策力度、社会规范是表层直接影响因素，家庭年收入是中间间接因素，婚姻状况、家中是否有60岁以上老人是深层根源因素。

四、农户清洁能源应用程度分析的主要结论

本书从应用选择行为和应用程度两个方面，分析农户应用清洁能源的影响因素。农户清洁能源应用选择行为影响因素分析表明，从众心理、受教育程度对农户清洁能源使用频率有负向影响；政策力度、产品属性、使用清洁能源的行为便利程度、应用意愿对农户清洁能源使用频率有正向影响。农户能源消费清洁化程度影响因素研究表明，宣传教育、行为便利、清洁能源产品属性、对支持政策的了解程度对农户能源消费清洁化程度有显著正向影响。

五、农户清洁能源持续应用行为分析的主要结论

（1）农户清洁能源持续应用行为的形成机制。研究农户清洁能源持续应用行为的形成机制，发现清洁能源产品属性、政策力度和家庭收入是深层根源因

素；感知因素（有用性和易用性）、从众心理、初次应用后的满意度是直接驱动因素。农户清洁能源持续应用行为形成机制表现为：清洁能源产品属性、家庭年收入和政策力度→感知因素（有用性和易用性）、初次应用后的满意度、从众心理→农户清洁能源持续应用行为。

（2）不同政策工具对农户清洁能源持续应用行为的作用路径存在差异。经济激励、命令控制政策和自愿活动均会影响农户清洁能源持续应用行为，但这三种政策工具的作用路径存在差别。具体而言，经济激励、命令控制政策都对农户清洁能源持续应用行为有直接的正向影响。自愿活动完全通过政策满意度间接影响农户清洁能源持续应用行为，即政策满意度在自愿活动政策与持续应用行为中起完全中介作用。

（3）政策力度对农户清洁能源持续应用行为有重要影响。政策力度对农户清洁能源持续应用行为有间接影响，其完全通过农户的政策满意度间接影响农户清洁能源持续应用行为。

六、农户对清洁能源政策评价与政策需求研究的主要结论

本书采用农户调研数据，研究发现，农户对太阳能热水器购买补贴、户用沼气池修建补贴政策的了解程度较低；农户感知的太阳能政策、沼气政策力度都比较小；农户对清洁能源支持政策的评价不高；交通条件、对清洁能源支持政策的了解、感知的政策支持力度都会影响农户对清洁能源政策的满意度评价。农户的政策需求排在前三位的依次是：对购买使用清洁能源产品提供补贴、提供应用清洁能源的技术培训和提供应用清洁能源后续服务。

七、农户应用清洁能源中面临的困难次序研究的主要结论

运用江西省农户调查数据，以应用沼气和太阳能为例，研究农户应用清洁能源中面临的困难次序，结果表明，缺乏资金、缺乏技术指导、难以获得后续管理服务是农户应用沼气面临的主要困难。后续服务跟不上、缺乏维护人才和缺乏技术指导是农户应用太阳能面临的三个主要因素。

第二节　政策建议

一、引导农村居民树立生态价值观

在小学和初中学校，举办一些能源消耗与环境保护方面的讲座，让生态科普走进中小学生课堂，普及中小学生的节能减排的科普知识，通过组织一些环保方面的知识竞赛，使中小学生关注生态环境问题。引导中小学生参加诸如世界环境日、全国节能宣传周、全民节能行动等活动，增强青少年环境保护意识。在县、乡（镇）、村委会设立环保宣传组织，借助电视、广播、橱窗、微信等媒介普及全民的环保知识，传授一些环保相关知识和技能，宣传环保典型人物，提高全民对环境保护的认知和重视程度，增强居民的环境责任感。加大国家环保法律、法规和政策的宣传力度，鼓励民间环保组织或协会开展居民能够直接参与的自愿活动，营造人人保护环境的良好风气，引导农村居民树立生态价值观，在生产和日常生活中尽可能地实施环境行为。

二、推动农村各类可再生能源多元发展

在农村地区主要推广户用沼气，特别是与农业生产相结合的沼气技术，推进各类生物质集中供气、沼气集中供气在农村的应用。继续在农村地区推广户用太阳能热水器、太阳房和太阳灶，在有条件的农村地区，开展“人人1千瓦光伏”示范工程，建设光伏新村。在光照条件好的农村贫困地区，按照精准扶贫的要求，因地制宜推进光伏扶贫工程，建设户用光伏发电系统、小型光伏电站或村级大型光伏电站。引导农户利用荒山荒坡、农业大棚或设施农业等建设“光伏+”项目，推进光伏发电或风力发电在提水灌溉等农业生产中的应用。支持一些缺电离网的农村地区因地制宜建设独立的小型太阳能光伏电站、风光互补电站，重点扶持贫困地区推广使用小风电、户用光伏发电、风光互补发电系统。

三、加大清洁能源应用的财政支持

设立可再生能源专项基金。建立支持农户应用清洁能源的专项基金，并列入地方财政预算，主要用于可再生能源项目建设、教育培训费用、技术指导等。同时，扩大支持可再生能源发展的资金规模，对生物质能、风能、太阳能等可再生能源项目建设提供补贴，扩大购买应用清洁能源产品补贴的范围，加大产品购买补贴力度，对应用清洁能源的农户提供补助，对清洁能源应用服务体系提供资金支持，推动农户应用清洁能源。

四、提升农户应用清洁能源的有用性和易用性感知

采用图像、演示和会议等形式宣传清洁能源替代传统能源（薪柴、煤、石油等）对节约劳动时间、减少能源消费支出、保护环境、减排温室气体发挥的作用，提高农户的有用性感知。通过引导企业进一步提高清洁能源产品的质量，提升产品维修服务水平，建立和完善清洁能源应用服务体系，为农户持续应用清洁能源提供便利，提升农户的易用性感知。

五、强化清洁能源应用的组织建设

各级政府要成立农村清洁能源应用领导机构，例如，成立县、乡（镇）、村三级清洁能源应用指导办公室，积极开展农户清洁能源应用的指导、协调和服务工作。政府通过创立“清洁能源应用协会”“清洁能源应用示范工程”，为正在应用清洁能源和愿意应用的农户提供资源共享平台。建立清洁能源应用信息共享平台，集中宣传可再生能源应用的优惠政策，农户之间可通过该平台交流应用技能、管护经验等。建立和完善农村清洁能源应用网站，收集清洁能源项目、产品信息，关注农户清洁能源应用动态，实现农村清洁能源应用资源信息内部共享。

六、优化清洁能源应用的公共服务

地方政府要将引导和鼓励农户应用清洁能源纳入当地经济社会发展总体规划，将扩大农村可再生能源的利用规模、提高可再生能源在农村能源消费中的比重，列入各级政府领导的考核内容。通过建立公益性的信息发布平台，向农户或

清洁能源项目开发者公布办事指南及各项行政手续，及时提供相关的法律、法规和政策信息。完善农村清洁能源应用后续服务体系，要组建清洁能源服务部门，对工作人员进行有针对性的技术培训，不断提高他们的服务水平，更好地为农户服务，及时解决农户在应用清洁能源中遇到的问题。

七、营造应用清洁能源的良好氛围

各级政府要大力宣传应用清洁能源的意义，引导村干部、党员、环保人士率先应用清洁能源，宣传应用清洁能源的典型，提高农户对应用清洁能源的认识和重视程度。通过组织参观“清洁能源示范村”“清洁能源示范户”“清洁能源综合应用示范工程”等活动，使农村居民切身体会到应用清洁能源有必要、有好处。积极开展农村清洁能源应用表彰活动，对应用清洁能源好的村或农户进行表彰和物质奖励，增强农户应用清洁能源的光荣感和责任感，激发农户应用清洁能源的热情，形成应用清洁能源光荣的良好风气，在从众心理引导下，促使更多农户应用清洁能源。

八、强化清洁能源的政策支撑

加快构建促进农村清洁能源发展的政策体系，完善土地利用、投资补贴、税收优惠等一揽子政策支持。特别是各类政策要聚焦大中型沼气、村级大型光伏电站、风力发电、“光伏+”项目，创新各类可再生能源综合利用商业模式，促进农村可再生能源开发与其他产业有机融合，构建可再生能源应用和综合管理新体系。同时，加强财政政策、金融政策、扶贫政策和可再生能源产业政策的衔接和联动，通过财政资金撬动社会资本、金融资本，形成支持合力。

附 录

农户清洁能源应用行为问卷调查表

农民朋友：

您好！本次问卷是为完成国家课题研究而设置的，您的自愿及如实回答将对课题组提出的政策建议具有重要价值。所有回答不分对错。课题组向您郑重承诺，绝不会泄露您的隐私，也不会给您带来任何麻烦。特别提示：本问卷所指的清洁能源是太阳能、沼气、风能等可再生能源。

被访者签名：________身份证号：________联系电话：________

家庭住址：________市（区）________乡（镇）________村________小组

A01 人口特征（在相应选项上打√即可）

01	性别	1 = 男；2 = 女
02	年龄	1≤20 岁；2 = 21 ~ 29 岁；3 = 30 ~ 39 岁；4 = 40 ~ 49 岁；5 = 50 ~ 59 岁；6 = 60 岁以上
03	受教育程度	1 = 小学；2 = 初中；3 = 高中；4 = 大专及以上
04	婚姻状况	1 = 未婚；2 = 已婚
05	您家户籍人口中是否有村干部（包括曾经做过）	1 = 是；2 = 否
06	您现在的职业身份	1 = 务农；2 = 兼业（既务农又打工）；3 = 村干部；4 = 打工；5 = 其他

A02 家庭特征

1. 您家总人口数	人
2. 您家是否有 12 岁以下的儿童	1 = 是；2 = 否
3. 您家是否有 60 岁以上的老人	1 = 是；2 = 否
4. 您的家庭成员构成	1 = 一人独居；2 = 夫妻二人；3 = 夫妻二人与父母同住；4 = 夫妻二人与子女、父母同住；5 = 四世同堂；6 = 其他
5. 您的家庭住宅类型	1 = 自住（有使用权但无小产权）；2 = 自住（有使用权和小产权）；3 = 短期租房（1 年及以下）；4 = 长期租房（1 年及以上）
6. 家庭劳动力总数	个
7. 您家主要使用能源的种类	1 = 柴薪；2 = 煤炭；3 = 电；4 = 煤气；5 = 其他
8. 2014 年您家的家庭总收入	1 =1 万元以下；2 =1 万 ~3 万元；3 =3 万 ~5 万元；4 =5 万 ~10 万元；5 =10 万元以上
9. 您家收入水平要比村子里其他农户	1 = 高很多；2 = 高一些；3 = 一般；4 = 低一些；5 = 低很多

A03 清洁能源应用情况

1. 您家是否使用清洁能源	1 = 已经使用；2 = 未使用，但决定使用；3 = 未使用，还在犹豫；4 = 不打算使用
2. 如果您家使用了清洁能源，使用的种类	1 = 太阳能；2 = 沼气；3 = 风能
3. 如果您家使用了清洁能源，使用清洁能源的频率	1 = 很低；2 = 比较低；3 = 一般；4 = 比较高；5 = 很高
4. 如果您家使用了清洁能源，您现在是否在持续使用	1 = 是；2 = 否
5. 如果您家使用了清洁能源，您持续使用的时间（注意：没有使用过填写“0”；一年以内填写“0. 5”；其他按实际累计年数填写）	年
6. 如果您家使用了，您使用清洁能源在能源消费中所占比重	1 = 5% 以下；2 = 5% ~ 20%；3 = 20% ~ 40%；4 = 40% ~ 60%；5 = 60% 以上
7. 您家是否修建了户用沼气池（如没有修建，就跳到本部分的第 11 题）	1 = 是；2 = 否
8. 如果修建了户用沼气池，是哪一年修建的	年
9. 如果修建了户用沼气池，是否享受了政府的补贴	1 = 是；2 = 否
10. 您家修建的户用沼气池现在是否还在使用	1 = 是；2 = 否
11. 您家是否使用太阳能	1 = 是；2 = 否
12. 您家购买的使用清洁能源的产品是否享受了国家的补贴政策	1 = 是；2 = 否
13. 您应用清洁能源是否得到政府的政策支持	1 = 是；2 = 否

A04 区域特征（如来自同一村庄，则一致，由调查员填写）

01	您村是清洁能源示范村吗	1 = 是；2 = 否
02	您村所处地形	1 = 平原；2 = 丘陵；3 = 山区
03	您村的交通条件	1 = 很差；2 = 较差；3 = 一般；4 = 较好；5 = 很好
04	您家离镇中心________公里，平时坐班车去一趟需要花费（单程）________小时。	
05	您家离县城中心________公里，平时坐班车去一趟需要花费（单程）________小时。	

B01 请根据您的判断，选出一个您认为最恰当的选项（打√即可）。

1 = 完全不同意　2 = 不同意　3 = 不确定　4 = 同意　5 = 完全同意

应用行为	1. 购买或考虑购买热水器时，优先选择太阳能热水器	1	2	3	4	5
	2. 购买或考虑购买杀虫灯时，优先选择太阳能灯	1	2	3	4	5
	3. 我家申请了太阳能万家屋顶光伏发电示范工程	1	2	3	4	5
	4. 我家经常使用清洁能源（如沼气、太阳能）	1	2	3	4	5
环境价值观	5. 自然界是脆弱并容易受到破坏的	1	2	3	4	5
	6. 一个国家产生的污染会威胁到全世界的人	1	2	3	4	5
	7. 环境污染对公共健康的影响远比我们意识到的更糟糕	1	2	3	4	5
	8. 保护环境类法律限制了我的选择和个人自由	1	2	3	4	5
环境责任感	9. 我有责任减少煤、石油、天然气等化石能源消费	1	2	3	4	5
	10. 为了使用清洁能源，我愿意牺牲一些个人利益	1	2	3	4	5
	11. 当看到有人做有损环境的行为时，我会主动劝阻	1	2	3	4	5
	12. 我会主动向朋友、熟人宣传清洁能源方面的知识	1	2	3	4	5
感知因素	13. 使用清洁能源有利于节约能源消费支出	1	2	3	4	5
	14. 使用清洁能源有利于节约劳动力	1	2	3	4	5
	15. 使用清洁能源方便、卫生	1	2	3	4	5
	16. 学习使用清洁能源对我来说很容易	1	2	3	4	5
	17. 我拥有应用清洁能源的资源（如金钱、时间等）	1	2	3	4	5
	18. 是否购买使用清洁能源的产品，完全取决于我自己的喜好	1	2	3	4	5
	19. 使用清洁能源时，如果我感到很麻烦，就会放弃	1	2	3	4	5
从众心理	20. 在日常消费中，我喜欢与周围的大多数人保持一致	1	2	3	4	5
	21. 我常常会购买朋友、亲戚或邻居都买的产品	1	2	3	4	5
	22. 如果我周围的熟人都使用清洁能源，我也会使用	1	2	3	4	5

续表

1=完全不同意	2=不同意 3=不确定 4=同意 5=完全同意					
行为便利	23. 我有使用清洁能源所要求的经济条件	1	2	3	4	5
	24. 我使用清洁能源时可以得到必要的支持和帮助	1	2	3	4	5
	25. 我有使用清洁能源所要求的技术条件	1	2	3	4	5
满意度	26. 我对清洁能源的管理和技术服务很满意	1	2	3	4	5
	27. 初次应用清洁能源后，我感到很满意	1	2	3	4	5
	28. 使用清洁能源的总体效果比预期的要好	1	2	3	4	5

B02 请根据您的实际情况，勾选出一个您认为最恰当的选项（打√即可）。

1=很不愿意	2=不太愿意 3=中立 4=比较愿意 5=非常愿意					
应用意愿	1. 为了减少碳排放，我愿意使用清洁能源	1	2	3	4	5
	2. 我愿意成为村宣传使用清洁能源的志愿者	1	2	3	4	5
	3. 只要财力允许，我愿意建设太阳房	1	2	3	4	5
	4. 我愿意为绿电（太阳能、风能发的电）每个月多支付5%～10%的电费	1	2	3	4	5

B03 请根据您的实际情况，勾选出一个您认为最恰当的选项（打√即可）。

1=从不如此	2=偶尔如此 3=约半如此 4=经常如此 5=总是如此					
自我效能	1. 如果我尽力去做一件事，我总是能够达到目标	1	2	3	4	5
	2. 在遇到麻烦的时候，我能很快想到解决的办法	1	2	3	4	5
	3. 相信以我的才智，我能应付任何出乎意料的事情	1	2	3	4	5
行为能力	4. 对于清洁能源知识，我很快就能理解和接受	1	2	3	4	5
	5. 对于新的想法，我很快就能制定出可行的实施方案	1	2	3	4	5
	6. 对于清洁能源应用技术，我很快就能掌握和应用	1	2	3	4	5

B04 请根据您对知识的了解情况，勾选出一个您认为最恰当的选项（打√即可）。

1=不知道	2=听说过 3=知道一些 4=知道较多 5=很熟悉					
清洁能源知识	1. 煤、石油、天然气等化石能源大量消耗使大气中的二氧化碳浓度不断上升	1	2	3	4	5
	2. 应用清洁能源是一种以绿色为特征的经济发展模式	1	2	3	4	5
	3. 应用清洁能源是解决我国应对气候变化的根本出路	1	2	3	4	5

B05 请根据您的判断，选出一个您认为最恰当的选项（打√即可）。

1 = 非常差　2 = 比较差　3 = 中等　4 = 比较好　5 = 非常好						
清洁能源产品属性	1. 清洁能源设备或设施的质量	1	2	3	4	5
	2. 维护清洁能源设备或设施技术人员的水平	1	2	3	4	5
	3. 使用清洁能源产品的质量和服务	1	2	3	4	5

C01 请根据您的判断，选出一个您认为最恰当的选项（打√即可）。

1. 您是否了解国家推进农村应用清洁能源的支持政策	1 = 很不了解；2 = 不太了解；3 = 了解一些；4 = 非常了解
2. 您是否知道购买“政府补贴太阳能热水器”的途径	1 = 是；2 = 否
3. 您是否知道修建户用沼气池补贴的金额和途径	1 = 是；2 = 否
4. 您认为政府推进农户应用清洁能源的总政策支持力度	1 = 很小；2 = 比较小；3 = 一般；4 = 比较大；5 = 很大
5. 您认为政府户用沼气池的政策支持力度	1 = 很小；2 = 比较小；3 = 一般；4 = 比较大；5 = 很大
6. 您认为政府太阳能热水器政策支持力度	1 = 很小；2 = 比较小；3 = 一般；4 = 比较大；5 = 很大

C02　请根据您的看法，选择一个您认为最恰当的选项（打√即可）。

1 = 很不满意　2 = 不太满意　3 = 一般　4 = 比较满意　5 = 非常满意						
政策满意度	1. 对政府推进农户应用清洁能源政策的总体评价	1	2	3	4	5
	2. 对修建户用沼气池补贴政策	1	2	3	4	5
政策满意度	1. 对政府推进农户应用清洁能源政策的总体评价	1	2	3	4	5
	2. 对修建户用沼气池补贴政策	1	2	3	4	5
	3. 对户用沼气池的后续服务政策	1	2	3	4	5
	4. 对太阳能热水器的补贴政策	1	2	3	4	5
	5. 对政府的清洁能源技术培训政策	1	2	3	4	5
	6. 对政府的清洁能源应用宣传政策	1	2	3	4	5
	7. 对政府提供的清洁能源技术人员指导政策	1	2	3	4	5

C03 请根据您的判断，选择一个您认为最恰当的选项（打√即可）。

1 = 完全不同意　　2 = 不同意　　3 = 不确定　　4 = 同意　　5 = 完全同意

经济激励	1. 我使用清洁能源是为了省钱	1	2	3	4	5
	2. 购买家电时，我更看重使用清洁能源的家电可以节省开支	1	2	3	4	5
	3. 煤气价格、电价的不断上涨，让我觉得使用清洁能源很划算	1	2	3	4	5
	4. 有政府补贴的使用清洁能源的产品，我更愿意购买	1	2	3	4	5
	5. 如果政府完善沼气后续服务，我愿意修建沼气池，使用沼气	1	2	3	4	5
命令控制	6. 如果政府强制养殖户必须建设沼气池，我会修建沼气池	1	2	3	4	5
	7. 为了避免一些部门的罚款，我会不得不应用清洁能源	1	2	3	4	5
	8. 如果政府强制性规定要求使用清洁能源，我会使用清洁能源	1	2	3	4	5
自愿活动	9. 如果政府出资修建大中型沼气池，我愿意付费使用沼气	1	2	3	4	5
	10. 如果开展绿色能源示范县活动，我愿意尽一分力	1	2	3	4	5
	11. 如果政府供给清洁能源，我愿意购买清洁能源使用。	1	2	3	4	5
宣传教育	12. 媒体和村的宣传让我学会了很多使用清洁能源的知识和技能	1	2	3	4	5
	13. 好的宣传活动，会促使我购买使用清洁能源的产品	1	2	3	4	5
	14. 知道如何应用清洁能源，对于我使用清洁能源很重要	1	2	3	4	5
社会规范	15. 我周围的大多数人都认为应该在生活和生产中使用清洁能源	1	2	3	4	5
	16. 使用清洁能源的行为应得到周围人的赞赏	1	2	3	4	5
	17. 参加使用清洁能源的宣传活动是件光荣的事	1	2	3	4	5
技术成熟度	18. 我是否购买使用清洁能源的产品，取决于该产品技术是否成熟	1	2	3	4	5
	19. 我很在意使用清洁能源的产品在使用过程中的技术稳定性	1	2	3	4	5
	20. 对于任何新技术产品，我都会有一种买来试一下的冲动	1	2	3	4	5
	21. 只有使用清洁能源的产品技术成熟了，才能给生活带来真正的实惠	1	2	3	4	5

D1 对于应用清洁能源，您认为最需要政府在哪方面的支持（　　）。（按重要程度排序选择您最需要的 3 项）

①提供应用清洁能源的技术培训

②提供修建清洁能源设施的信贷支持

③提供应用清洁能源相关信息

④提供应用清洁能源后续服务

⑤对购买应用清洁能源的产品提供补贴

⑥对持续应用清洁能源给予奖励

D2 对于应用沼气，您面临的最主要困难有哪些（　）。（按困难程度排序选择您认为最困难的 3 项）

①缺乏资金　②难以获得后续管理服务　③缺乏技术指导

④缺乏维护管理技术　⑤难以获得维护管理服务　⑥沼气池产气量不稳定

⑦建设成本太高　⑧没有建设用地　⑨其他

D3 对于应用太阳能，您面临的最主要困难有哪些（　）。（按困难程度排序选择您认为最困难的 3 项）

①没有支付能力　②后续服务跟不上　③缺乏维护人才

④缺乏技术指导　⑤产品技术不成熟　⑥使用不方便

⑦没有安装太阳能热水器的条件　⑧其他

D4 对于应用清洁能源，您对政府有何更好的建议？

本问卷到此结束，我们再次表示衷心的感谢！

参考文献

[1] Abrahamse W., Steg L. How do socio – demographic and psychological factors relate to households direct and indirect energy use and savings? [J]. Journal of Economic Psychology, 2009, 30 (5): 711 – 720.

[2] Adler T., Wargelin L., Kostyniuk L. P., et al. Incentives for alternative fuel vehicles: A large – scale stated preference experiment [C]. Lucerne: Proceedings of the 10th International Conference on Travel Behavior Research, 2003.

[3] Ajzen I. From intentions to actions: A theory of planned behavior, Action – Control: From Cognition to Behavior [M]. Heidelberg: Springer, 1985.

[4] Ajzen I. The theory of planned behavior [J]. Organizational Behavior and Human Decision Processes, 1991, 50 (2): 179 – 211.

[5] Ajzen I. Nature and operation of attitudes [J]. Annual Review of Psychology, 2001, 52 (1): 27 – 58.

[6] Anco H., Mark J. K. A Choice Experiment on alternative fuel vehicle preferences of private car owners in the netherlands [J]. Transportation Research Part A: Policy and Practice, 2014 (61): 199 – 215.

[7] Axsen J., Kurani K. S. Hybrid, plug – in hybrid, or electric – what do car buyers want? [J]. Energy Policy, 2013 (61): 532 – 543.

[8] Aydinalp M., Ugursal V. I., Fung A. S. Modeling of the appliance, lighting, and space – cooling energy consumptions in the residential sector using neural networks [J]. Applied Energy, 2002, 71 (2): 87 – 110.

[9] Aydinalp M., Ugursal V. I., Fung A. S. Modeling of the space and domestic hot – water heating energy – consumption in the residential sector using neural net-

works [J] . Applied Energy, 2004, 79 (2): 159 - 178.

[10] Bamberg S. , Ajzen I. , Schmidt P. Choice of travel mode in the theory of planned behavior: The roles of past behavior, habit, and reasoned action [J] . Basic and Applied Social Psychology, 2003, 25 (3): 175 - 187.

[11] Baron R. M. , Kenny D. A. The moderator - mediator variable distinction in social psychological research: Conceptual, strategic, and statistical considerations [J] . Journal of Personality & Social Psychology, 1986, 51 (6): 1173 - 1182.

[12] Bhattacherjee A. , Perols J. , Sanford C. Information technology continuance: A theoretic extension and empirical test [J] . Journal of Computer Information Systems, 2008, 30 (4): 17 - 26.

[13] Bhattacherjee A. Understanding information systems continuance: An expectation confirmation model [J] . MIS Quarterly, 2001, 25 (3): 351 - 370.

[14] Black J. S. , Sterm P. , Elworth J. T. Personal and contextual influences on household energy adaptions [J] . Journal of Applied Psychology, 1985, 70 (1): 3 - 21 .

[15] Breck S. J. Empirical validation of affect, behavior, and cognition as distinct components of attitude [J] . Journal of personality and Social Psychology, May 1984: 1191 - 1205.

[16] Carley S. , Krause R. M. , Lane B. W. , et al. Intent to purchase a plug - in electric vehicle: A Survey of early impresslions in large US cites [J] . Transportation Research Part D: Transport and Environmcnt, 2013 (18): 39 - 45.

[17] Chen C. D. , Fan Y. W. , Fare C. K. Predicting electronic toll collection service adoption: An integration of the technology acceptance model and the theory of planned behavior [J] . Transportation Research Part C: Emerging Technologies, 2007, 15 (5): 300 - 311.

[18] Daisy Das D. , Goswami K. , Hazarika A. Who adopts biogas in rural india? evidence from a nationwide survey [J] . International Journal of Rural Management, 2017, 13 (1): 54 - 70.

[19] Davis F. D. , Bagozzi R. P. , Warshaw P. R. User acceptance of computer technology: A comparison of two theoretical models [J] . Management Science,

1989, 35 (8): 982 - 1003.

[20] Davis F. D. Perceived usefulness, perceived ease of use and user acceptance of information technology [J]. MIS Quarterly, 1989, 13 (3): 319 - 339.

[21] De Young R. Recycling as appropriate behavior: A review of survey data from selected recycling programs in michigan [J]. Conservation and Recycling, 1990, 3 (4): 253 - 266.

[22] De Lone W. H. & McLean E. R. The de lone and mcLean model of information system success: A ten - year update [J]. Journal of Management Information Systems, 2003, 19 (4): 9 - 30.

[23] De Lone W. H. & McLean E. R. Information system success: The quest for dependent variable [J]. Information Systems Research, 1992, 3 (1): 60 - 95.

[24] Dunlap R. E., Van Liere K. D., Mertig A. G., Jones R. E. Measuring endorsement of the new ecological paradigm: A revised NEP scale [J]. Journal of Social Issues, 2000, 56 (3): 425 - 442.

[25] Energy balances of OECD countries (2010 edition) [R]. International Energy Agency, 2010.

[26] Egmond R., Jonkers G. Kok. A strategy to encourage housing associations to invest in energy conservation [J]. Energy Policy, 2005 (33): 2374 - 2384.

[27] Festinger L. A theory of cognitive dissonance [M]. Stanford University Press, 1957.

[28] Fishbein M., Ajzen I. Attitude - behavior relations: A theoretical analysis and review of empirical research [J]. Psychological Bulletin, 1977, 84 (5): 888 - 918.

[29] Fishbein M., Ajzen I. Belief, attitude, intentions, and behavior: An introduction to theory and research [M]. Menlo Park, CA: Addison - Wesley Publishing Company, 1975.

[30] Gärling T., Fujii S., Garling A., Jakobsson C. Moderating effects of social value orientation on determinants of pro - environmental behavior intention [J]. Journal of Environmental Psychology, 2003, 23 (1): 1 - 9.

[31] Gatersleben B., Steg L., Vlek C. Measurement and determinants of envi-

ronmentally significant consumer behavior [J] . Environment and Behavior, 2002, 34 (3): 335 -362.

[32] Groot J. I. M. , Steg L. Relationships between value orientations, self - determined motivational types and pro - environmental behavioural intentions [J] . Journal of Environmental Psychology, 2010 (30): 368 -378.

[33] Guagnano G. A. , Stern P. C. , Dietz T. Influences on attitude - behavior relationships: A natural experiment with curbside recycling [J] . Environment and Behavior, 1995, 27 (5): 699 -718.

[34] Gyberg P. , Palm J. Influencing household' s energy behavior: How is this done and on what premises? [J] . Energy Policy, 2009, 37 (7): 2807 -2813.

[35] Gwendolyn Brandon and Alan Lewis. Reducing household energy consumption: A qualitative and quantitative field study [J] . Journal of Environmental Psychology, 1999 (19): 75 -85.

[36] Hawcroft L. J. , T. L. Milfont. The use (and abuse) of the new environmental paradigm scale over the last 30 years: A meta - analysis [J] . Journal of Environmental Psychology, 2010, 30 (2): 143 -158.

[37] Herendeen R. , Ford C. , Hannon B. Energy cost of living1972 - 1973 [J] . Energy, 1981 (6): 1433 -1450.

[38] Hines J. M. , Hungerford H. R. , Tomera A. N. Analysis and synthesis of research on responsible environmental behavior: A meta - analysis [J] . The Journal of Environmental Education, 1986, 18 (2): 1 -8.

[39] John P. H. , Liu Y. , Elea M. F. , et al. Will subsidies drive electric vehicle adoption? measuring consumer preferences in the U. S. and China [J] . Transportation Research Part A: Policy and Practicc, 2015 (73): 96 -112.

[40] Kahn M. E. Do greens drive hummers or hybrids? environmental ideology as a determinant of consumer choice [J] . Journal of Environmental Economics and Management, 2007, 54 (2): 129 -145.

[41] Keirstead J. Evaluating the applicability of integrated domestic energy consumption frameworks in the UK [J] . Energy Policy, 2006 (34): 3065 -3077.

[42] Kim H. , Park E. , Sang J. K. , et al. An integrated adoption model of solar energy technologies in South Korea [J] . Renewable Energy, 2014, 66 (6): 523 -531.

[43] Knez M. , Jereb B. , Obrecht T. M. Factors influencing the purchasing decisions of low emission cars: A study of Slovenia [J] . Transportation Research (Part D): Transport and Environmcnt, 2014 (30): 53 -61.

[44] Krey V. , B. C. O' Neill, B. Ruijven, et al. Urban and rural energy use and carbon dioxide emissions in Asia [J] . Energy Economics, 2012 (34): 272 -283.

[45] Kristina E. K. , Patrik Söderholm. The devil is in the details: Household electricity saving behavior and the role of information [J] . Energy Policy, 2010 (38): 1578 -1587.

[46] Krupa J. S. , Rizzo D. M. , Eppstein M. J. , et al. Analysis of a consumer survey on Plug - in Hybrid Electric Vehicles [J] . Transportation Research Part A: Policy and Practice, 2014 (64): 14 -31.

[47] Lai T. L. Service quality and perceived value' s impact on satisfaction, intention and usage of short message service (SMS) [J] . Inf Syst Front, 2004 (6): 353 -368.

[48] Lane B. , Potter S. The adoption of cleaner vehicles in the UK: exploring the consumer attitude action gap [J] . Journal of Cleaner Production, 2007, 15 (11): 1085 -1092.

[49] Li C. , Liao X. , Wen Y. , et al. The development and counter measures of household biogas in Northwest Grain for Green Project of China [J] . Renewable and Sustainable Energy Reviews, 2015, 44 (4): 835 -846.

[50] Linden A. L. , Klintman M. The formation of Green Identities - consumers and providers. In: Biel, A. , et al. , Individual and Structural Determinants of Environmental Practice [J] . Ashgate Publications, London, 2003.

[51] Lindén A. , A. Carlsson - Kanyama, B. Eriksson. Efficient and inefficient aspects of residential energy behaviour: What are the policy instruments for change?

[J]. Energy Policy, 2006, 34 (12): 1918 - 1927.

[52] Liu G., Lucas M. and S. Lei. Rural household energy consumption and its impacts on eco - environment in tibet: taking taktse county as an example [J]. Renewable and Sustainable Energy Reviews, 2008 (12): 1890 - 1908.

[53] López - Nicolás C., Molina - Castillo F. J. and Bouwman H. An assessment of advanced mobile services acceptance: Contributions from TAM and diffusion theory models [J]. Information & Management, 2008, 45 (6): 359 - 364.

[54] Markowitz E. M., et al. Profiling the "pro - environmental individual": A personality perspective [J]. Journal of Personality, 2012, 80 (1): 81 - 111.

[55] McMakin A. H., Malone E. L., Lundgren R. E. Motivating residents to conserve energy without financial incentives [J]. Journal of Social Issues, 2002 (51): 139 - 156.

[56] Minton A. P., Rose R. L. The effects of environmental concern on environmentally friendly consumer behaviour: An exploratory study [J]. Journal of Business Research, 1997, 40 (1): 37 - 48.

[57] Moraes C., Carrigan M., Szmigin I. The coherence of inconsistencies: Attitude - behaviour gaps and new consumption communities [J]. Journal of Marketing Management, 2012 (28): 103 - 128.

[58] Muhammad - Sukki F., Ramirez - Iniguez R., Abu - Bakar S. H., McMeekin S. G., Stewart B. G. An evaluation of the installation of solar photovoltaic in residential houses in Malaysia: Past, present, and future [J]. Energy Policy, 2011, 39 (12): 7975 - 7987.

[59] Nordlund A. M., Garvill. J. Value structures behind proenvironmental behavior [J]. Environment and Behavior, 2002, 36 (6): 740 - 756.

[60] Nysveen H., Pedersen P. E. and Thorbjornsen H. Intentions to use mobile services: Antecedents and cross - service comparisons [J]. Journal of the Academy of Marketing Science, 2005, 33 (3): 330 - 346.

[61] Olson J. M., Zanna M. K. Attitudes and attitudes change [J]. Annual Review of Psychology, 1993 (47): 117 - 154.

[62] Ölander F., Thøgersen J. Understanding of consumer behavior as a prerequisite for environmental protection [J]. Journal of Consumer Policy, 1995, 18 (4): 345-385.

[63] Park E., Kim K. J. User acceptance of long-term evolution (LTE) services: An application of extended technology acceptance model [J]. Program, 2013 (47): 188-205.

[64] Parker P., Rowlands I. H., Scott D. Innovations to reduce residential energy use and carbon emissions: An integrated approach [J]. The Canadian Geographer, 2003, 47 (2): 169-184.

[65] Peach M., Jimmieson N. L., White K. M. Beliefs underlying employee readiness to support a building relocation: A theory of planned behavior perspective [J]. Organization Development Journal, 2005, 23 (3): 9-23.

[66] Poortinga W., Steg L., Vlek C. Values, environmental concern, and environmental behavior: A study into household energy use [J]. Environmental Behavior, 2004, 36 (1): 70-93.

[67] Poortinga W., Steg L., Vlek C., et al. Household preferences for energy-saving measures: A conjoint analysis [J]. Journal of Economic Psychology, 2003 (24): 49-64.

[68] Potoglou D., Kanaroglou P. S. Household demand and willingness to pay for clean vehicles [J]. Transportation Research Part D: Transport and Environmcnt, 2007, 12 (4): 264-274.

[69] Price J. C., Walker I. A., Boschetti F. Measuring cultural values and beliefs about environment to identify their role in climate change responses [J]. Journal of Environmental Psychology, 2014 (37): 8-12.

[70] Reddy B. S. Overcoming the energy efficiency gap in India's household sector [J]. Energy Policy, 2003 (31): 1117-1127.

[71] Reiss P. C., White M. W. Evaluating welfare with nonlinear prices [R]. Nber Working Papers, 2006.

[72] Sardianou E. Estimating energy conservation patterns of Greek households

[J] . Energy Policy, 2005, 35 (7): 3778 -3791.

[73] Schultz P. W., Zelezny L. Values as predictors of environmental attitudes [J] . Journal of Environmental Psychology, 1999, 19 (3): 255 -276.

[74] Schwepker C. H. Jr., Cornwell T. B. An examination of ecologically concerned consumers and their intention to purchase ecologically packaged products [J] . Journal of Public Policy & Marketing, 1991, 10 (2): 77 -101.

[75] Scott D., Parker P., Rowlands H. I. Determinants of energy efficiency behaviors in the home [J] . Environments, 2000, 28 (3): 73 -96.

[76] Sherer M., Maddux J. E., Mercandante B., et al. The self - efficacy scale: Construction and validation [J] . Psychological Report, 1982, (51): 663 -671.

[77] Singh N. Exploring socially responsible behavior of Indian consumers: An empirical investigation [J] . Social Responsibility Journal, 2009, 5 (2): 200 -211.

[78] Sobel M. E. Asymptotic confidence intervals for indirect effects in structural equation models. In: S Leinhardt (Ed.) . Sociological methodology 1982. Washington [M] . DC: American Sociological Association, 1982.

[79] Sottile E., Meloni I., Cherchi E. A hybrid discrete choice model to assess the effect of awareness and attitude towards environmentally friendly travel modes [J] . Transportation Research Procedia, 2015 (5): 44 -55.

[80] Steg L. Promoting household energy conservation [J] . Energy Policy, 2008, 36 (12): 4449 -4453.

[81] Steg L., Vlek C. Encouraging pro - environmental behavior: An integrative review and research agenda [J] . Journal of Environmental Psychology, 2009, 29 (3): 309 -317.

[82] Steg L., Dreijerink L., Abrahamse W. Factors influencing the acceptability of energy policies: A test of VBN theory [J] . Journal of Environmental Psychology, 2005, 25 (4): 415 -425.

[83] Stern P. C. Toward a coherent theory of environmentally significant behavior [J] . Journal of Social Issues, 2000, 56 (3): 407 -424.

[84] Stern P. C., Dietz T., Abel T., et al. A value - belief - norm theory of

support for social movements: The case of environmentalism [J]. Research in Human Ecology, 1999, 6 (2): 81 -97.

[85] Stern P. C., Dietz T., Guagnano G. A. The new ecological paradigm in social - psychological context [J]. Environment and Behavior, 1995 (27): 723 -753.

[86] Taylor S. and Todd P. A. Understanding information technology usage: A test of competing models [J]. Information Systems Research, 1995, 6 (2): 114 -176.

[87] Tueker P. A survey of attitudes and barriers to kerbside recycling [J]. Environmental & Waste Management, 1999, 2 (1): 55 -63.

[88] Sylvie Demurger, Martin Fournier. Rural poverty and fuelwood consumption [J]. Evidence from Labagoumen Township (China), 2006: 1 -31

[89] Thergersen J. A., Gronhoj A. Electricity saving in households - a social cognitive approach [J]. Energy Policy, 2010, 38 (12): 7732 -7743.

[90] Valkila N., Saari A. Attitude - behaviour gap in energy issues: Case study of three different Finnish residential areas [J]. Energy for Sustainable Development, 2013, 17 (1): 24 -34.

[91] Van Der Merwe R., Van Heerden G. Finding and utilizing opinion leaders: Social networks and the power of relationships [J]. South African Journal of Business Management, 2009 (3): 65 -76.

[92] Venkatesh V. and Davis F. D. A theoretical extension of the technology acceptance model: Four longitudinal field studies [J]. Management Science, 2000, 45 (2): 186 -204.

[93] Vringer K., Albers T., Blok K. Household energy requirement and value patterns [J]. Energy Policy, 2007, 35 (1): 553 -566.

[94] Wallace D. S., Paulson R. M., Lord C. G., et al. Which behaviors do attitudes predict? Meta - Analyzing the effects of social pressure and perceived difficulty [J]. Review of General Psychology, 2005, 9 (3): 214 -227.

[95] Walsh M. Energy tax credits and housing improvement [J]. Energy Economics, 1989, 11 (4): 275 -284.

[96] Wang X., Tu M., Yang R., et al. Determinants of pro – environmental consumption intention in rural China: The role of traditional cultures, personal attitudes and reference groups [J]. Asian Journal of Social Psychology, 2016, 19 (3): 215 – 224.

[97] Wei Y., Liu L., Fan Y. and G. Wu. The impact of lifestyle on energy use and CO_2 emission: An empirical analysis of china's residents [J]. Energy Policy, 2007 (35): 247 – 257.

[98] Willemé P. A statistical approach to conservation supply curves [J]. Energy Economies, 2003, 25 (5): 553 – 564.

[99] Xingdong Wang, Ming Tu, Rong Yang. Determinants of pro – environmental consumption intention in rural [J]. Asian Journal of Social Psychology, 2016 (19): 215 – 224.

[100] Zhang Y., Yu Y., Zou B. Analyzing public alternative fuel vehicles in awareness and acceptance of China: the case of eV [J]. Energy Policy, 2011, 39 (11): 7015 – 7024.

[101] 蔡亚庆，仇焕广，王金霞等. 我国农村户用沼气使用效率及其影响因素研究——基于全国五省调研的实证分析 [J]. 中国软科学，2012 (8): 58 – 64.

[102] 陈利顺. 城市居民能源消费行为研究 [D]. 大连理工大学博士学位论文，2009.

[103] 陈诗一. 中国各地区低碳经济转型进程评估 [J]. 经济研究，2012, 47 (8): 32 – 44.

[104] 陈迅，袁海蔚. 中国生活能源消费行为影响因素的实证研究 [J]. 消费经济，2008 (5): 47 – 50.

[105] 陈凯，赵占波. 绿色消费态度—行为差距的二阶段分析及研究展望 [J]. 经济与管理，2015, 29 (1): 19 – 24.

[106] 成金华，陈军. 中国城市化进程中的能源消费区域差异——基于面板数据的实证研究 [J]. 经济评论，2009 (3): 38 – 46.

[107] 仇焕广，严健标，江颖，李登旺. 中国农村可再生能源消费现状及影

响因素分析［J］. 农业经济问题，2015，17（3）：10－15.

［108］仇焕广，蔡亚庆，白军飞等. 我国农村户用沼气补贴政策的实施效果研究［J］. 农业经济问题，2013（2）：85－92.

［109］仇焕广，严健标，江颖等. 中国农村可再生能源消费现状及影响因素分析［J］. 北京理工大学学报（社会科学版），2015，17（3）：10－15.

［110］崔奇峰，王翠翠. 农户对可再生能源沼气选择的影响因素——以江苏省农村家庭户用沼气为例［J］. 中国农学通报，2009（25）：273－276.

［111］邓慧慧，虞义华. 中国农村能源系统绿色转型研究——基于中国农村家庭能源调查数据［J］. 浙江社会科学，2018（1）：57－65，101.

［112］丁丽萍，帅传敏，李文静等. 基于 SEM 的公众太阳能光伏发电认知和采纳意愿的实证研究［J］. 资源科学，2015（7）：1414－1423.

［113］董梅，徐璋勇. 农户太阳能热利用及能源消费的影响因素——基于陕西省 1303 份调查数据分析［J］. 湖南农业大学学报（社会科学版），2017，18（6）：20－25，66.

［114］丰军辉，何可，张俊飚. 家庭禀赋约束下农户作物秸秆能源化需求实证分析——湖北省的经验数据［J］. 资源科学，2014，36（3）：530－537.

［115］冯桂真. 建池农户对沼气后续管理有偿服务的采用意愿及影响因素分析［J］. 中国农学通报，2013，29（20）：124－129.

［116］高大伟，周德群，王群伟. 国际贸易、技术溢出及其对中国全要素能源效率的影响［J］. 管理评论，2010，22（8）：122－128.

［117］郭晓. 规模化畜禽养殖业控制外部环境成本的补贴政策研究［D］. 西南大学博士学位论文，2012.

［118］郭晓丹，闫静静，毕鲁光. 中国可再生能源政策的区域解构、有效性与改进［J］. 经济社会体制比较，2014（6）：176－187.

［119］韩锋，王昌海，侯一蕾，吴静，温亚利. 自然保护区周边社区薪柴消费影响因素分析［J］. 资源科学，2014，36（5）：971－978.

［120］何德华，鲁耀斌. 农村居民接受移动信息服务行为的实证分析［J］. 中国农村经济，2009（1）：70－81.

［121］何可，张俊飚，蒋磊. 生物质资源减碳化利用需求及影响机理实证研

究——基于 SEM 模型分析方法和 TAM 理论分析框架［J］．资源科学，2013，35（8）：1635－1642.

［122］何威风，阎建忠，花晓波．不同类型农户家庭能源消费差异及其影响因素——以重庆市“两翼”地区为例［J］．地理研究，2014，33（11）：2043－2055.

［123］孔祥智，方松海，庞晓鹏等．西部地区农户禀赋对农业技术采纳的影响分析［J］．经济研究，2004（12）：85－95.

［124］赖良玉，滕玉华，刘长进．外部因素如何影响农户清洁能源初次应用行为——来自农户微观数据实证［J］．科技管理研究，2017（11）：224－228.

［125］李宝杨．农民工对电子政务公共服务的采纳问题研究［D］．浙江大学博士学位论文，2015.

［126］李风琦，孙凤英，曹建华．城镇化影响农村生活能源消费的机制——基于中国 1997～2012 年省级面板数据的实证分析［J］．系统工程，2016，34（12）：70－75.

［127］李后建．农户对循环农业技术采纳意愿的影响因素实证分析［J］．中国农村观察，2012（2）：28－36，66.

［128］李鑫，杨新军，陈佳，吴文恒．基于农户生计的乡村能源消费模式研究——以陕南金丝峡乡村旅游地为例［J］．自然资源学报，2015，30（3）：384－396.

［129］李艳梅，杨涛．城乡家庭直接能源消费和 CO_2 排放变化的分析与比较［J］．资源科学，2013，35（1）：115－124.

［130］李宗泰，李华，肖红波，李军．北京农村生活能源消费结构及影响因素分析［J］．生态经济，2017，33（12）：101－104.

［131］梁育填，樊杰，孙威，韩晓旭，盛科荣，马海龙，徐勇，王传胜．西南山区农村生活能源消费结构的影响因素分析：以云南省昭通市为例［J］．地理学报，2012，67（2）：221－229.

［132］林伯强，刘希颖．中国城市化阶段的碳排放：影响因素和减排策略［J］．经济研究，2010，45（8）：66－78.

［133］刘凤朝，刘源远，潘雄锋．中国经济增长和能源消费的动态特征

[J]. 资源科学，2007（5）：63－68.

［134］刘文兴，汪兴东，陈昭玖. 农村居民生态消费意识与行为的一致性研究——基于江西生态文明先行示范区的调查［J］. 农业经济问题，2017（9）：37－48.

［135］刘长进，滕玉华，刁佳遥. 农户对清洁能源政策需求优先序研究——基于江西省调查数据［J］. 内蒙古财经大学学报，2017，15（4）：16－20.

［136］刘长进，滕玉华，张轶之. 农村居民清洁能源应用意愿与行为一致性分析——基于江西省的调查数据［J］. 湖南农业大学学报（社会科学版），2017，18（6）：13－19.

［137］芈凌云，顾曼，杨洁，俞学燕，刘玥. 城市居民能源消费行为低碳化的心理动因——以江苏省徐州市为例［J］. 资源科学，2016，38（4）：609－621.

［138］芈凌云. 城市居民低碳化能源消费行为及政策引导研究［D］. 中国矿业大学博士学位论文，2011.

［139］苗向荣. 城镇化背景下农村能源消费现状及调整对策研究——基于北京市农村生活用能的分析［J］. 人民论坛·学术前沿，2017（10）：92－95.

［140］闵庆文，张永勋，赵贵根. 三江源移民安置区农户能源利用及对生态环境影响——以贵南县为例［J］. 资源科学，2012，34（11）：2018－2025.

［141］彭纪生，孙文祥，仲为国. 中国技术创新政策演变与绩效实证研究（1978～2006）［J］. 科研管理，2008，29（4）：134－150.

［142］彭武元，潘家华. 农村电力需求的影响因素——基于湖北省抽样调查的经验分析［J］. 中国农村经济，2008（6）：66－73，80.

［143］彭新宇，高雷. 农村贫困地区沼气采纳决策的影响因素实证研究［J］. 系统工程，2014，32（8）：137－142.

［144］齐志新，陈文颖，吴宗鑫. 工业轻重结构变化对能源消费的影响［J］. 中国工业经济，2007（2）：35－42.

［145］秦青，马奔，贺超，温亚利. 基于生计资本的农户能源消费结构差异性研究——以陕、川、滇3省农户为例［J］. 经济问题，2017（8）：78－82.

［146］曲英，朱庆华. 情境因素对城市居民生活垃圾源头分类行为的影响研

究［J］. 管理评论，2010，22（9）：121－128.

［147］曲英. 城市居民生活垃圾源头分类行为研究［D］. 大连理工大学博士学位论文，2007.

［148］申嫦娥，田悦，魏荣桓，王永丽. 财税政策对居民低碳消费行为的影响——基于北京市居民抽样问卷调查的实证研究［J］. 财务研究，2016（2）：99－104.

［149］沈镭，刘立涛. 中国能源可持续发展区域差异及其因素分析［J］. 中国人口·资源与环境，2010，20（1）：17－24.

［150］师博，沈坤荣. 政府干预、经济集聚与能源效率［J］. 管理世界，2013（10）：6－18，187.

［151］石洪景. 低碳政策对城市居民节能行为的影响［J］. 北京理工大学学报（社会科学版），2016，18（5）：43－51.

［152］杨红娟，徐梦菲. 少数民族农户低碳生产行为影响因素分析［J］. 经济问题，2015（6）：90－94.

［153］史丹，马翠萍. 我国能源需求的驱动因素与节能减排政策效果分析［J］. 当代财经，2014（10）：17－24.

［154］史清华，彭小辉，张锐. 中国农村能源消费的田野调查——以晋黔浙三省2253个农户调查为例［J］. 管理世界，2014（5）：80－91.

［155］孙岩，江凌. 居民能源消费行为研究评述［J］. 资源科学，2013，35（4）：697－703.

［156］孙岩. 居民环境行为及其影响因素研究［D］. 大连理工大学博士学位论文，2006.

［157］邰秀军. 西部山区农户薪材消费的影响因素分析［J］. 中国农村经济，2011（7）：85－91，96.

［158］唐毅青，范春蓉，谭德庆. 共享经济下我国消费者参与协同消费的影响因素研究［J］. 软科学，2017（10）：136－139.

［159］滕玉华，刘长进，陈燕，赖良玉. 基于结构方程模型的农户清洁能源应用行为决策研究［J］. 中国人口·资源与环境，2017，27（9）：186－195.

［160］汪海波，辛贤. 中国农村沼气消费及影响因素［J］. 中国农村经济，

2007b (11): 60-65.

[161] 汪兴东，杨蓉. 农户生态消费行为影响因素分析——基于鄱阳湖区972个样本的调查 [J]. 财贸研究，2016 (1): 62-69.

[162] 汪兴东，周水平，杨蓉. 太阳能热水器采纳意愿影响因素研究——基于江西972个样本的调查 [J]. 企业经济，2017，36 (11): 148-154.

[163] 王琛，吴敬学. 农村居民粮食种植技术选择意愿影响研究 [J]. 华南农业大学学报（社会科学版），2016，15 (1): 45-53.

[164] 王火根，李娜. 农户新能源技术应用意愿的影响因素分析 [J]. 农林经济管理学报，2017 (2): 207-215.

[165] 王建明，王俊豪. 公众低碳消费模式的影响因素模型与政府管制政策——基于扎根理论的一个探索性研究 [J]. 管理世界，2011 (4): 58-68.

[166] 王宁，晏润林，刘亚斐. 电动汽车潜在消费者特征识别和市场接受度研究 [J]. 中国软科学，2015 (10): 70-84.

[167] 王天穷，顾海英. 我国农村能源政策以及收入水平对农户生活能源需求的影响研究 [J]. 自然资源学报，2017，32 (8): 1286-1297.

[168] 王效华，狄崇兰. 江苏农村地区能源消费与可持续发展 [J]. 中国人口·资源与环境，2002 (5): 98-100.

[169] 王效华，郝先荣，金玲. 基于典型县入户调查的中国农村家庭能源消费研究 [J]. 农业工程学报，2014，30 (14): 206-212.

[170] 王颖，李英. 基于感知风险和涉入程度的消费者新能源汽车购买意愿实证研究 [J]. 数理统计与管理，2013，32 (5): 863-872.

[171] 魏楚，沈满洪. 能源效率研究发展及趋势：一个综述 [J]. 浙江大学学报（人文社会科学版），2009，39 (3): 55-63.

[172] 魏楚，王丹，吴宛忆，谢伦裕. 中国农村居民煤炭消费及影响因素研究 [J]. 中国人口·资源与环境，2017，27 (9): 178-185.

[173] 吴巧生. 中国工业化进程中的能源消耗强度变动及影响因素——基于费雪（Fisher）指数分解方法的实证分析 [J]. 经济理论与经济管理，2010 (5): 44-50.

[174] 吴伟光，刘强，谢涛，李强. 自然保护区周边农户家庭生活能源消费

需求——基于浙江和陕西的实证分析［J］. 农业技术经济，2012（5）：43－49.

［175］武玉英，申阳，严峰. 通过多元回归分析农村分布式可再生能源选择行为的研究——基于对河北省高家庄的调查分析［J］. 中国农学通报，2012（8）：248－253.

［176］习佳遥，滕玉华. 农户应用清洁能源政策需求优先序及其影响因素分析——基于江西省的调查数据［J］. 无锡商业职业技术学院学报，2017，17（4）：48－52.

［177］席建超，赵美风，葛全胜. 乡村旅游诱导下农户能源消费模式的演变——基于六盘山生态旅游区的农户调查分析［J］. 自然资源学报，2011，26（6）：981－991.

［178］许召建. 新能源汽车购买意愿影响因素实证研究［D］. 山东师范大学硕士学位论文，2012.

［179］谢治国，胡化凯，张逢. 建国以来我国可再生能源政策的发展［J］. 中国软科学，2005（9）：50－57.

［180］徐礼德，仝允桓. 中国农村清洁能源发展分析及建议［J］. 中国人口·资源与环境，2011（7）：20－27.

［181］徐文勇，李景明，王久臣，董保成，严荣昌. 我国沼气发展的区域差异及影响因素分析［J］. 可再生能源，2016，34（4）：628－632.

［182］许亚男，董海荣，韩婷，李金才. 河北省农户户用沼气利用行为影响因素分析［J］. 中国沼气，2016，34（4）：70－73.

［183］严刚. 环境空气质量约束下珠江三角洲能源消费模式研究［J］. 环境科学学报，2011，31（7）：1493－1500.

［184］杨红娟，徐梦菲. 少数民族农户低碳生产行为影响因素分析［J］. 经济问题，2015（6）：90－94.

［185］杨洪刚. 中国环境政策工具的实施效果及其选择研究［D］. 复旦大学博士学位论文，2009.

［186］杨建州，高敏挥，张平海，陈丽娜，邓美珍. 农业农村节能减排技术选择影响因素的实证分析［J］. 中国农学通报，2009，25（23）：406－412.

［187］杨冉冉. 城市居民绿色出行行为的驱动机理与政策研究［D］. 中国

矿业大学博士学位论文，2016.

［188］杨树．中国城市居民节能行为及节能消费激励政策影响研究［D］．中国科学技术大学博士学位论文，2015.

［189］杨艳丽，侯坚，张培栋，郭阳耀，袁宪正．中国农村户用沼气发展的空间分异格局［J］．资源科学，2009（7）：1219－1225.

［190］岳婷．居民节能行为影响因素及引导政策研究［D］．中国矿业大学博士学位论文，2014.

［191］翟紫含，付军．西部少数民族地区农村生活能源消费特征——基于四川凉山州住户调查数据的分析［J］．资源科学，2016，38（4）：622－630.

［192］张海鹏，牟俊霖，尹航．林区农村家庭生活能源消费需求实证分析——基于双扩展的线性支出系统模型［J］．中国农村经济，2010（7）：64－74.

［193］张磊，蒋景肖，高伟，李春宏．低碳能源技术在我国农村地区扩散中的口碑效应研究——以太阳能热水器为例［J］．软科学，2012，26（4）：39－43.

［194］张露，郭晴．碳标签对低碳农产品消费行为的影响机制——基于结构方程模型与中介效应分析的实证研究［J］．系统工程，2015，33（11）：66－74.

［195］张妮妮，徐卫军，曹鹏宇．影响农户生活能源消费的因素分析——基于9省的微观数据［J］．中国人口科学，2011（3）：73－82.

［196］张瑞英，席建超，葛全胜．乡村旅游农村居民可再生能源使用行为选择模型研究——基于六盘山生态旅游区的案例实证［J］．干旱区资源与环境，2014（12）：190－196.

［197］张馨，牛叔文，赵春升，胡莉莉．中国城市化进程中的居民家庭能源消费及碳排放研究［J］．中国软科学，2011（9）：65－75.

［198］张艳，秦耀辰，闫卫阳，张金萍，张丽君，鲁丰先，王喜．我国城市居民直接能耗的碳排放类型及影响因素［J］．地理研究，2012，31（2）：345－356.

［199］张铁之，滕玉华．农户应用太阳能困难次序及其影响因素研究——基

于江西省的调查数据 [J]. 西部经济管理论坛, 2017, 28 (4): 65-72.

[200] 赵进文, 范继涛. 经济增长与能源消费内在依从关系的实证研究 [J]. 经济研究, 2007 (8): 31-42.

[201] 赵晓丽, 李娜. 中国居民能源消费结构变化分析 [J]. 中国软科学, 2011 (11): 40-51.

[202] 郑军. 我国农村沼气国债项目: 政策特征、政策绩效与政策优化 [J]. 农业经济问题, 2012 (7): 55-62.

[203] 郑顺安, 李想, 石祖梁, 吴泽嬴, 刘申, 王飞. 我国西北平原区农村生活能源消费和供需结构分析 [J]. 中国农业资源与区划, 2017, 38 (10): 112-120.

[204] 周曙东, 崔奇峰, 王翠翠. 农牧区农村家庭能源消费数量结构及影响因素分析——以内蒙古为例 [J]. 资源科学, 2009 (4): 696-702.

[205] 朱立志, 赵鱼. 沼气的减排效果和农户采纳行为影响因素分析[J]. 中国人口·资源与环境, 2012 (4): 35-39.

[206] 朱四海. 中国农村能源政策: 回顾与展望 [J]. 农业经济问题, 2007 (9): 20-25.

[207] 朱月季, 周德翼, 游良志. 非洲农户资源禀赋、内在感知对技术采纳的影响——基于埃塞俄比亚奥罗米亚州的农户调查 [J]. 资源科学, 2015, 37 (8): 1629-1638.

[208] 邹晓霞, 万运帆, 李玉娥, 高清竹. 我国农村太阳能资源利用节能减排效果研究 [J]. 可再生能源, 2010, 28 (3): 93-98.

[209] 孙晓华, 徐帅. 政府补贴对新能源汽车购买意愿的影响研究 [J]. 大连理工大学学报 (社会科学版), 2018, 39 (3): 8-16.

[210] 王月辉, 王青. 北京居民新能源汽车购买意向影响因素——基于 TAM 和 TPB 整合模型的研究 [J]. 中国管理科学, 2013, 21 (S2): 691-698.

[211] 王颖, 李英. 基于感知风险和涉入程度的消费者新能源汽车购买意愿实证研究 [J]. 数理统计与管理, 2013, 32 (5): 863-872.

后　记

本书是在完善国家自然科学基金应急项目“农户清洁能源应用行为形成机理与政府推进政策研究——以江西为例”（项目批准号：71540033）研究成果基础上形成的。感谢江西农业大学经济管理学院为项目的顺利进行提供了良好的工作环境和研究氛围。在项目进行过程中，江西农业大学经济管理学院唐茂林博士、汪兴东副教授、王火根副教授、李连英副教授提出了许多颇有建设性的意见，为我指点迷津，在此一并表示感谢。

借本书出版之际，感谢江西师范大学商学院对本书出版的鼓励和支持；感谢江西师范大学区域创新与创业研究中心、江西现代农业及其优势产业可持续发展的决策支持协同创新中心平台的资助；特别感谢经济管理出版社编辑丁慧敏等同志的大力支持和辛勤付出。